Le programme
Kilo Solution

Design graphique: Christine Hébert
Infographie: Chantal Landry
Révision: Lucie Desaulniers
Correction: Sabine Cerboni

Photographies: Hans Laurendeau, Shoot Studio
Coiffure et maquillage: Véronique Prud'Homme

DISTRIBUTEUR EXCLUSIF:

Pour le Canada et les États-Unis:
MESSAGERIES ADP*
2315, rue de la Province
Longueuil, Québec J4G 1G4
Téléphone: 450-640-1237
Télécopieur: 450-674-6237
Internet: www.messageries-adp.com
* filiale du Groupe Sogides inc.,
  filiale de Québecor Média inc.

Catalogage avant publication de Bibliothèque et Archives nationales
du Québec et Bibliothèque et Archives Canada

Huot, Isabelle

Le programme Kilo Solution

ISBN 978-2-7619-3378-0

1. Régimes amaigrissants - Recettes. 2. Régimes amaigrissants -
Menus. 3. Cuisine santé. 4. Cuisine rapide. 5. Livres de cuisine.
I. Titre.

RM222.2.H84 2013   641.5'635   C2012-942352-1

01-2013

Dépôt légal: 2013
Bibliothèque et Archives nationales du Québec
ISBN 978-2-7619-3378-0

Gouvernement du Québec – Programme de crédit
d'impôt pour l'édition de livres – Gestion SODEC –
www.sodec.gouv.qc.ca

L'Éditeur bénéficie du soutien de la Société de
développement des entreprises culturelles du
Québec pour son programme d'édition.

 Conseil des Arts   Canada Council
du Canada   for the Arts

Nous remercions le Conseil des Arts du Canada de
l'aide accordée à notre programme de publication.

Nous reconnaissons l'aide financière du
gouvernement du Canada par l'entremise du Fonds
du livre du Canada pour nos activités d'édition.

ISABELLE HUOT

Le programme
Kilo Solution

▶ 4 semaines de menu minceur ▶ Plus de 135 recettes

LES ÉDITIONS DE
L'HOMME

Une compagnie de Quebecor Media

Table des matières

▶ Les entrées
à 250 Calories et moins!............ **90**

▶ Les soupers
à 350 Calories et moins!.......... 118

Volaille

Bœuf

Porc

Veau

Poisson et fruits de mer

Régalez-vous sans culpabilité !

Mon précédent livre, *Kilo Solution, une méthode visuelle pour perdre du poids*, vous a sensibilisé au contenu de votre assiette au quotidien ? Vous voulez à présent passer à l'action, adopter une alimentation saine et équilibrée ou encore perdre du poids ? *Le programme Kilo Solution* vous invite à concocter vous-même vos menus à partir de délicieuses recettes, saines et peu caloriques. Un outil simple qui sert de guide au quotidien pour bien manger tout en faisant des choix éclairés.

Ce nouvel ouvrage, composé de plus de 135 recettes minceur, vous permettra d'allier plaisir et santé dans la même bouchée. Du petit-déjeuner au dessert en passant par les lunchs, les entrées et les plats principaux, ce programme vous propose une panoplie d'idées pour vous régaler tout en préservant votre tour de taille. Aucune recette ne contient plus de 350 Calories, ce qui permet de composer un menu journalier contrôlé en énergie sans sacrifier le goût.

La méthode Kilo Solution

J'ai pu constater à plusieurs reprises, notamment pendant mes consultations en clinique, que Kilo Solution a fait ses preuves au fil des ans. Basée sur la densité énergétique des aliments, cette méthode est facile à saisir et simple à mettre en pratique ; elle permet également de manger davantage tout en perdant du poids. Fini les restrictions alimentaires sévères ! La méthode Kilo Solution vous permet de manger à votre faim. Vous aimez fréquenter les restaurants et vous croyez la perte de poids, puis son maintien, impossibles ? Détrompez-vous. Tout est une question de choix. En optant pour les bons aliments, vous mangerez plus en quantité, tout en ingérant moins de calories. Une combinaison gagnante.

Comment suivre le programme ?

Ce livre répond à deux objectifs : d'abord cuisiner santé, ensuite perdre du poids sainement. Une personne désirant simplement mieux manger pourra ainsi cuisiner les recettes de son choix tandis qu'une autre qui veut perdre du poids optera pour les menus, calculés en calories, élaborés pour une période de quatre semaines.

Trois types de menus hypocaloriques sont offerts : 1 300, 1 500 et 1 800 Calories. Il est important de choisir un menu qui correspond à vos besoins, question d'avoir assez d'énergie pour vaquer à vos occupations quotidiennes tout en fournissant à votre organisme les nutriments dont il a besoin. Un code de couleur détermine chaque menu : noir pour 1 300 Calories, rose pour 1 500 Calories, et bleu pour 1 800 Calories.

Si vous pratiquez une activité physique particulièrement intense une fois par semaine, n'hésitez pas, ce jour-là, à opter pour un menu plus calorique ou encore à piger dans la liste des collations à 100, 150 ou 200 Calories de façon à enrichir votre menu.

Le menu qui vous convient correspond à vos besoins énergétiques moins le nombre de calories nécessaires pour perdre du poids (de 500 à 1 000 Calories). Pour évaluer vos besoins, il est nécessaire de calculer votre métabolisme de base. Il correspond à la quantité d'énergie (Calories) utilisée pour les besoins vitaux, soit la respiration, la circulation sanguine, les battements cardiaques, le fonctionnement des organes et le maintien de la température corporelle. Le métabolisme de base est responsable de 60 % à 75 % de la dépense énergétique quotidienne. La composition corporelle (masse grasse et masse maigre), le sexe, l'âge et l'hérédité comptent parmi les facteurs qui influencent le métabolisme de base. À ce métabolisme s'ajoutent les calories dépensées pour digérer les aliments que l'on consomme (thermogénèse) et celles reliées à l'activité physique. L'activité physique est responsable de 15 % à 30 % de la dépense énergétique quotidienne. Cette dépense calorique est induite par toutes les actions faites au cours de la journée : marcher, faire du ménage, faire du vélo, etc.

Comment utiliser le programme ?

Ce livre est conçu pour vous permettre de bâtir vos propres menus. Nous avons prévu un menu de quatre semaines pour vous guider, mais les outils de calcul fournis vous permettront de bâtir facilement les vôtres. Voici comment.

Toutes les recettes proposées dans ce livre affichent un apport calorique contrôlé.

○ Tous les petits-déjeuners fournissent 250 Calories ou moins.
○ Tous les lunchs contiennent 350 Calories ou moins.
○ Toutes les entrées renferment 250 Calories ou moins.
○ Tous les soupers totalisent 350 Calories ou moins.
○ Tous les desserts procurent 200 Calories ou moins.

Ce livre vous offre d'autres outils pour vous faciliter la tâche, entre autres :

○ 30 idées de petits-déjeuners express de 250 Calories ou moins ;
○ Plus de 60 idées de collations express de 100, 150 et 200 Calories ;
○ 30 idées de desserts de moins de 200 Calories ;
○ Des listes d'accompagnements, de légumes, de fruits et de boissons avec leur valeur énergétique.

Il devient facile de bâtir ses propres menus en fonction de ses besoins en additionnant tout simplement les apports caloriques de chaque repas et de chaque collation.

Souvenez-vous : nous avons tous une vie sociale active, et quelques écarts au menu sont non seulement possibles, mais loin d'être dramatiques ! Un souper chez des amis ou au resto n'entrave pas tout le régime, il suffit de reprendre son plan alimentaire le lendemain.

Quelles sont les étapes à suivre pour construire votre menu du jour ?

1 • Choisissez votre petit-déjeuner parmi ceux proposés dans la liste des pages 36 à 38 ou parmi les suggestions de recettes des p. 44 à 57.

Exemple
▶ ½ muffin anglais de blé entier
▶ 15 ml (1 c. à soupe) de cretons maigres au veau
▶ 125 ml (½ tasse) de fromage cottage 1 % m. g.
▶ 125 ml (½ tasse) de fraises
▶ 1 thé ou 1 café + 15 ml (1 c. à soupe) de lait 1 % m. g.

Total A : 217 Calories
---

2 • Choisissez votre lunch parmi les suggestions de recettes des pages 58 à 89.

Exemple
▶ Sandwich au poulet, au poivron grillé et au pesto

Total B : 286 Calories
---

3 • Choisissez votre souper parmi les suggestions de recettes des pages 118 à 173.

Exemple
▶ Flétan grillé et sa salsa exotique

Total C : 140 Calories
---

4 • Ajoutez l'accompagnement suggéré avec la recette du souper ou un autre accompagnement de votre choix (voir tableaux d'accompagnements aux pages 28 à 33)*.

* Assurez-vous de l'équilibre de votre repas en garnissant votre assiette de légumes et de produits céréaliers (féculents).

Exemple
▶ Accompagnement suggéré :
Servir avec 125 ml (¹/₂ tasse) de riz blanc.

Total D : 109 Calories

Accompagnement à ajouter (légumes de votre choix)

▶ 250 ml (1 tasse) de carottes sautées dans un peu de beurre

Total E : 130 Calories

---

5 • Complétez votre lunch (voir tableaux d'accompagnements aux pages 28 à 33).

Si la recette du lunch contient déjà des produits céréaliers (pain dans un sandwich par exemple), ajoutez les crudités de votre choix. Si vous avez plutôt opté pour une salade, vous pourrez vous permettre d'ajouter une portion de produit céréalier à votre repas (biscottes, craquelins, tortilla, etc.).

Exemples
▶ 250 ml (1 tasse) de concombre
▶ 30 ml (2 c. à soupe) de hoummous

Total F : 90 Calories

---

6 • Choisissez deux collations parmi la liste des collations (voir les pages 39 à 41). Prenez la première en avant-midi et la seconde en après-midi.

Exemples
▶ En avant-midi : 1 prune et 100 g de yogourt à la vanille 0 % m. g.

▶ En après-midi : 250 ml (1 tasse) de boisson de soya enrichie et 1 pêche

---

Total G : 250 Calories

Bon à savoir
Les desserts suggérés aux pages 41 et 42 peuvent être pris en collation plutôt qu'après le repas principal.

7 • Faites le total des calories pour savoir combien il vous en reste pour la journée.

Exemple
▶ 217 + 286 + 140 + 109 + 130 + 90 + 250 = 1 222 Calories

Total : 1 222 Calories
(il en reste donc 78 pour le plan à 1 300)

---

8 • Assurez-vous de combler vos besoins nutritionnels journaliers. Vous avez besoin quotidiennement de :

▶ au moins 2 portions de produits laitiers ;
▶ au moins 2 portions de fruits ;
▶ au moins 3 portions de légumes ;
▶ entre 4 et 6 portions de produits céréaliers.

Une fois ces portions journalières adéquatement comblées, les calories restantes peuvent être utilisées à votre guise. Consultez les tableaux de valeur nutritive des aliments choisis. N'oubliez pas de considérer les produits laitiers, les fruits ainsi que les produits céréaliers intégrés à l'intérieur des recettes (consultez les listes d'équivalents en annexe aux pages 188 et 189, pour faire vos calculs).

(Exemples : 25 g de fromage dans un sandwich équivaut à ¹/₂ portion de produit laitier. 125 ml (¹/₂ tasse) de fraises dans une salade équivaut à 1 portion de fruit.)

Exemples
▶ 2 biscuits secs en dessert au lunch
▶ 125 ml (¹/₂ tasse) de jus de légumes comme boisson au souper

---

Total : 80 Calories

Le plan à 1 300 Calories est maintenant complet.

9 • Si vous n'avez pas comblé vos portions de tous les groupes alimentaires, vous devez d'abord combler vos portions de produits laitiers, de fruits, de légumes et de produits céréaliers. N'oubliez pas : il s'agit de votre priorité. Ajoutez lait, boisson de soya enrichie, fromage allégé, yogourt, fruits et légumes divers ou produits céréaliers riches en fibres.

Bon à savoir

Le lait peut être bu ou ajouté aux céréales, au gruau, au café, etc. Si le lait est permis dans le café, on évitera par contre le sucre et la crème. En tout temps, le lait peut être remplacé par une boisson de soya nature, pourvu qu'elle soit enrichie en calcium et en vitamine D (idéalement, elle apportera moins de 110 Calories par portion de 250 ml).

Si vous n'aimez pas le yogourt, vous pouvez le remplacer par 125 ml (½ tasse) de lait ou de boisson de soya enrichie en calcium.

10 • Selon le plan choisi (1 300, 1 500 ou 1 800 Calories), vous pourrez augmenter vos portions en optant pour des aliments sains. Vous pouvez également choisir de cuisiner et d'ajouter une entrée ou un dessert de votre choix parmi la liste des recettes de ce livre. Envie d'un verre de vin ou d'un jus de légumes ? Vous devez bien sûr ajouter ces calories à votre total ! (Voir le tableau des boissons et de leur teneur calorique aux pages 34 et 35.)

Exemple de menu bonifié à 1 500 Calories

Petit-déjeuner	Petit-déjeuner choisi + ½ muffin anglais + 15 g de cretons maigres au veau
Collation	Collation choisie
Lunch	Lunch + accompagnements choisis
Collation	Collation choisie + 7 amandes
Souper	Souper + accompagnements choisis
Collation	125 ml (½ tasse) de lait 1 % m. g.

Exemple de menu bonifié à 1 800 Calories

Petit-déjeuner	Petit-déjeuner choisi + ½ muffin anglais + 15 g de cretons maigres au veau + 125 ml (½ tasse) de fraises
Collation	Collation choisie
Lunch	Lunch + accompagnements choisis
Collation	Collation choisie + 7 amandes
Souper	Souper + accompagnements choisis + Salade de courgettes (entrée choisie dans les recettes à 250 Calories et moins) + Compote express (dessert choisi dans les recettes de desserts à 200 Calories et moins)
Collation	125 ml (½ tasse) de lait 1 % m. g. + 125 ml (½ tasse) de lait 1 % m. g.

Comment estimer vos besoins énergétiques quotidiens ?

La formule présentée ci-après permet de calculer le besoin approximatif en énergie. Les variations du poids corporel (gain, maintien ou perte de poids) demeurent les meilleurs indicateurs de l'équilibre énergétique ou de son déséquilibre. La formule sera différente pour les femmes et les hommes.

Estimation des besoins énergétiques quotidiens pour les **femmes**

En premier lieu, il est important de connaître la dépense énergétique qui provient de votre niveau d'activité physique. Voici comment identifier votre coefficient d'activité physique, qui deviendra le CA de la formule :

- ▶ 1,00 si le niveau d'activité physique (NAP) est de catégorie « sédentaire »
- ▶ 1,14 si le niveau d'activité physique (NAP) est de catégorie « faiblement actif »
- ▶ 1,27 si le niveau d'activité physique (NAP) est de catégorie « actif »
- ▶ 1,45 si le niveau d'activité physique (NAP) est de catégorie « très actif »

Légende pour trouver le niveau d'activité physique (NAP) approprié

Sédentaire = activités de la vie quotidienne, incluant jusqu'à 30 minutes de marche lente (5 km/h) (promener le chien ou marcher jusqu'à l'auto ou l'autobus)

Peu actif = 30 à 60 minutes d'activités d'intensité modérée, comme la marche rapide (5 à 7 km/h) (ou plus de 60 minutes d'activités d'intensité légère)

Actif = plus au moins 60 minutes d'activités d'intensité modérée, comme la marche rapide (5 à 7 km/h) (ou plus de 30 à 60 minutes d'activités d'intensité vigoureuse)

Très actif = plus au moins 60 minutes d'activités d'intensité modérée avec en plus 60 minutes d'activités d'intensité vigoureuse (ou au moins 180 minutes d'activités d'intensité modérée)

Formule chez les **femmes** :
Dépense Énergétique Totale =
387 − (7,31 x Âge [année]) + CA x [(10,9 x Poids [kg]) + (660,7 x Taille [m])]

** Pour obtenir son poids en kilogramme, on divise par 2,2 son poids en livre (1 kg = 2,2 lb). Par exemple, 150 lb divisé par 2,2 = 68,2 kg.
** Pour obtenir sa taille en mètre, convertir les pieds en pouces (1 pi = 12 po), multiplier ensuite le résultat par 2,54 (1 po = 2,54 cm), puis diviser par 100. Par exemple, 5 pi 5 po = 65 po = 165 cm ÷ 100 = 1,65 m

Exemple de calcul :
Si nous faisons le calcul pour une femme sédentaire de 50 ans qui mesure 5 pi 2 po et qui pèse 165 livres, voici le résultat :

A = 7,31 X Âge (en années) donc, 7,31 X **50 ans** = 365,5
B = 10,9 X Poids (en kg) donc, 10,9 X **75 kg** = 817,5
C = 660,7 X Taille (en m), donc 660,7 X **1, 57 m** = 1037,3
D = B + C, donc 817,5 + 1037,3 = 1854,8
E = catégorie d'activité X D, donc **1,00** x 1854,8 = 1854,8
F = 387 − A + E, donc 387 − 365,5 + 1854,8 = 1876,3 Calories
G = F − 500 Calories (pour assurer une perte de poids), donc 1876,3 − 500 = 1376,3 Calories
H = Optez pour le menu à 1 300 Calories.

VOTRE CALCUL

A = 7,31 X Âge _____ ans = _____
B = 10,9 X Poids _____ kg = _____
C = 660,7 X Taille _____ m = _____
D = B + C = _____
E = votre catégorie d'activité X D = _____
F = 387 − A + E = _____
G = F − 500 Calories = _____
H = Optez pour le menu s'approchant le plus du résultat et ajoutez des collations au besoin.

Estimation des besoins énergétiques quotidiens pour les **hommes**

Voici comment identifier votre coefficient d'activité physique, qui deviendra le CA de la formule :

▶ 1,00 si le niveau d'activité physique (NAP) est de catégorie « sédentaire »
▶ 1,12 si le niveau d'activité physique (NAP) est de catégorie « peu actif »
▶ 1,27 si le niveau d'activité physique (NAP) est de catégorie « actif »
▶ 1,54 si le niveau d'activité physique (NAP) est de catégorie « très actif »

Formule chez les **hommes** :
Dépense Énergétique Totale =
864 − (9,72 x Âge [année]) + CA x [(14,2 x Poids [kg]) + (503 x Taille [m])]

Exemple de calcul :
Si nous faisons le calcul pour un homme sédentaire de 56 ans qui mesure 5 pi 9 po et qui pèse 200 livres, voici le résultat :

A = 9,72 X Âge (en années) donc, 9,72 X **56 ans** = 544,32
B = 14,2 X Poids (en kg) donc, 14,2 X **91 kg** = 1292,2
C = 503 X Taille (en m), donc 503 X **1, 75 m** = 880,25
D = B + C, donc 1292,2 + 880,25 = 2172,45
E = catégorie d'activité X D, donc **1,00** x 2172,45 = 2172,45
F = 864 − A + E, donc 864 − 544,32 + 2172,45 = 2492,13 Calories
G = F − 500 Calories (pour assurer perte de poids), donc 2492,13 − 500 = 1992,13 Calories
H = Optez pour le menu à 1 800 Calories et ajoutez une collation de 150 Calories.

A = 9,72 X Âge _____ ans = _____
B = 14,2 X Poids _____ kg = _____
C = 503 X Taille _____ m = _____
D = B + C = _____
E = votre catégorie d'activité X D = _____
F = 864 – A + E = _____
G = F – 500 Calories = _____
H = Optez pour le menu s'approchant le plus du résultat et ajoutez des collations au besoin.

⊙ IMC : Poids (kg)/ (Taille m)^2

Classification	Indice de masse corporelle (kg/m^2)	Risque de maladies
Maigreur extrême	Moins de 16	Élevé
Maigreur	Moins de 18,5	Accru
Poids normal	18,5 à 24,9	Faible
Embonpoint	25,0 à 29,9	Accru
Obésité, classe 1	30,0 à 34,9	Élevé
Obésité, classe 2	35,0 à 39,9	Très élevé
Obésité, classe 3 (obésité morbide)	40 ou plus	Extrêmement élevé

Indice de masse corporelle : un outil complémentaire

Avant d'entreprendre une perte de poids, il est essentiel de déterminer son indice de masse corporelle (IMC). Avec le résultat obtenu, on peut alors se fixer des objectifs réalistes.

L'indice de masse corporelle est une norme internationale qui a été adoptée afin de classifier le poids corporel et d'estimer les différents degrés d'obésité. La mesure de l'IMC permet donc de juger si le poids d'une personne peut comporter des risques pour sa santé. Il est toutefois important de mentionner que cet outil est quelque peu incomplet, car il ne tient pas compte de la masse musculaire, de l'ossature et de la répartition des graisses.

La calculatrice de l'IMC utilise donc la formule suivante qui met en relation deux variables très simples à mesurer : le poids et la taille. En voici la formule :

Tour de taille

Classification du risque de maladies cardiovasculaires, de diabète et d'hypertension	Hommes		Femmes	
	cm	po	cm	po
Faible	< 94	< 37	< 80	< 31,5
Accru	> 94	> 37	> 80	> 31,5
Considérablement accru	> 102	> 40	> 88	> 35

La répartition des graisses influence considérablement le risque de maladies. Outre le poids, la circonférence de la taille est une mesure importante.

Quelque chose à boire avec ça ?

Voici quelques conseils pratiques entourant le choix des boissons à consommer. Consultez au besoin la liste des boissons présentée aux pages 34 et 35.

▸ On conseille de boire 1 ml d'eau par calorie consommée. Ainsi, si vous optez pour le menu à 1 300 Calories, vous devrez boire 1,3 litre d'eau ou de liquides (autres que le café, le thé ou l'alcool) par jour. La prise d'eau sera augmentée en fonction des périodes d'activité physique.

- Les signaux de soif ressemblent à ceux de la faim, il devient donc facile de les confondre. Boire un verre d'eau avant chaque repas aidera à vous remplir l'estomac et à faciliter la réduction des portions. Une tisane en soirée peut aussi vous aider à couper les fringales.

- Pendant la fin de semaine, vous pouvez ajouter une consommation alcoolique par jour. Une consommation équivaut à un verre de vin (150 ml), une bière légère (341 ml) ou 1,5 oz (45 ml) de spiritueux. Ces boissons apportent entre 100 et 125 Calories par jour (lesquelles s'ajoutent inévitablement aux Calories des menus). Si la perte de poids s'arrête, vous pouvez retirer l'alcool pour la redémarrer.

- Le café et le thé – sans sucre – peuvent être consommés librement. Rappelons que le thé possède davantage de vertus et qu'il pourrait même contribuer à la perte de poids. Des études préliminaires ont démontré que la théine, conjointement avec les catéchines, pourrait stimuler le métabolisme de base et ainsi contribuer à la perte de poids.

Les impératifs d'une épicerie santé

Pourquoi ne pas profiter du changement d'habitudes alimentaires pour également transformer son garde-manger ? Certains aliments que l'on a sous la main nous permettent de composer un repas rapide. Voici un aperçu de ce qu'il faut avoir en tout temps chez soi.

À conserver au garde-manger
- beurre d'arachide (ou d'autres noix)
- bouillons faibles en sodium
- céréales à grains entiers peu sucrées (moins de 5 g de sucre par portion de 30 g)
- farine de blé entier
- fruits dans l'eau en conserve
- fruits séchés (canneberges, raisins secs et dattes)
- graines de chia
- huile de canola et huile d'olive
- légumineuses (en conserve et sèches)
- miel
- noix et graines
- pâtes et riz de grains entiers
- poissons en conserve
- sel, poivre et épices diverses
- sirop d'érable
- son d'avoine
- tomates en conserve
- vinaigres

À conserver au congélo
- filets de poisson individuels
- fruits et légumes
- pains/bagels de grains entiers
- poitrines de poulet

Bon à savoir

En conservant pains, tortillas et bagels au congélateur, on s'assure de leur fraîcheur et on évite le gaspillage.

À conserver au frigo
- fromage de 18 % de m. g. ou moins
- fruits et légumes de saison
- germe de blé grillé
- graines de lin
- lait de 2 % m. g. ou moins
- margarine non hydrogénée
- œufs
- yogourt

Bon à savoir

Le beurre ou la margarine peuvent tous les deux être utilisés, au choix. Si on opte pour de la margarine, il faut prendre soin de la choisir non hydrogénée.

Les 5 questions les plus courantes

1. À quelle fréquence dois-je me peser?

Une pesée par semaine suffit, le poids pouvant varier de jour en jour selon plusieurs facteurs (notamment la rétention d'eau reliée aux menstruations). Pour éviter que la pesée ne devienne une obsession, on prend l'habitude de se peser le matin, à jeun, de façon hebdomadaire seulement.

2. À combien puis-je estimer la perte de poids?

On estime qu'une perte saine équivaut à 1 à 2 lb par semaine. Les personnes qui ont davantage de surpoids pourront perdre davantage, surtout au début. Pendant les quatre semaines du programme, on peut s'attendre à une perte de 4 à 10 lb.

3. Est-il vrai que le pain doit être exclu dans un objectif de perte de poids?

Les régimes faibles en glucides (avec peu de produits céréaliers notamment) ne donnent pas de bons résultats à long terme. Mieux vaut inclure des produits céréaliers chaque jour. Les sources de glucides sont importantes pour maintenir un bon niveau d'énergie. Priorisez les produits céréaliers à grains entiers qui soutiennent davantage.

4. Puis-je manger au restaurant sans entraver ma perte de poids?

Absolument! On peut très bien suivre le programme, mais déroger en se permettant un souper chez des amis ou au restaurant. Pour ne pas nuire à sa perte de poids, on surveillera ses choix alimentaires. Je vous invite à revoir *Kilo Solution : une méthode visuelle pour perdre du poids* pour vous aider à sélectionner les meilleurs choix lorsque vous mangez à l'extérieur. Chose certaine, une entrée à base de légumes (salade ou soupe) et une assiette équilibrée composée de légumes, de féculents et de viande, de volaille ou de poisson constituent d'excellents choix.

5. Puis-je prendre un dessert?

La plupart des desserts du programme sont constitués de fruits ou de produits laitiers. Quelques recettes de desserts minceur (qui fournissent moins de 200 Calories) sont aussi proposées. On peut également choisir dans la liste des desserts modérément caloriques – aux pages 41-42 – quand l'envie d'une douceur se manifeste. Tant que l'apport calorique correspond au calcul de vos besoins, vous ne prendrez pas de poids.

Mes 15 meilleures astuces pour perdre du poids sainement

1. Établissez des objectifs réalistes

Soyez réaliste dans vos objectifs d'amaigrissement. Vous serez davantage encouragé si vous les atteignez, même s'ils sont petits.

2. Utilisez de plus petites assiettes

En utilisant de plus petits formats d'assiettes, vous réduirez automatiquement vos portions. Si vous videz toujours votre assiette, vous aurez assurément moins mangé!

3. Mangez plusieurs fois par jour

Trois repas et deux collations constituent une bonne méthode pour perdre du poids. Il est bon de fractionner l'apport alimentaire dans la journée pour avoir un meilleur niveau d'énergie et résister aux fringales.

4. Apprenez à écouter votre faim

C'est en étant centré sur sa faim réelle que l'on arrive à arrêter de manger quand le corps est suffisamment rassasié. Soyez attentif à vos sensations de faim et de satiété et n'hésitez pas à laisser des restes dans l'assiette...

5. Demandez des demi-portions

Si vous n'arrivez pas à ne pas finir votre assiette, n'hésitez pas à demander des portions réduites au restaurant ou chez des amis. Avec les portions généreuses offertes dans plusieurs restaurants, vous serez déjà bien servi avec une portion pour enfants!

6. Augmentez votre apport en fibres

En augmentant la teneur en fibres alimentaires dans vos menus, vous serez davantage rassasié. Ainsi, non seulement vous mangerez moins au repas, mais vous serez également soutenu beaucoup plus longtemps. En plus de rechercher des produits riches en fibres (craquelins, pains, céréales, etc.), ajoutez du son de blé ou d'avoine à vos yogourts et compotes de fruits.

7. Remplissez votre assiette de légumes

En garnissant votre assiette du midi et du soir, prenez soin de couvrir la moitié de l'assiette de légumes colorés. Riches en fibres, ils procureront un bon niveau de satiété tout en fournissant une panoplie de vitamines. Les légumes occupent du volume dans l'estomac tout en étant peu caloriques : de vrais alliés de la perte de poids.

8. Mangez des protéines à chaque repas

À l'instar des fibres, les protéines rassasient et soutiennent longtemps. Il faut s'assurer d'un bon apport protéique à chaque repas. Le matin, les beurres de noix, les œufs et le fromage constituent de bonnes sources de protéines.

9. Ne stockez pas vos grignotines préférées dans le garde-manger

Vous serez moins porté à grignoter si vous éliminez le problème à la source. Si vous avez du mal à contrôler l'ingestion de certains aliments, n'en gardez pas à la maison. Si vous avez envie de crème glacée, par exemple, sortez pour vous rendre chez un bon glacier plutôt que d'en conserver deux litres au congélateur, et risquer de vous soumettre à de nombreuses tentations...

10. Diminuez votre consommation de succédanés de sucre

De nouvelles recherches tendent à démontrer que les aliments contenant des succédanés de sucre (comme les boissons gazeuses allégées) perturbent le contrôle de l'appétit. Bien que ces résultats soient préliminaires, tentez tout de même d'en diminuer votre consommation.

11. Écrivez ce que vous mangez et buvez

Faites l'exercice, de façon sporadique, d'écrire ce que vous mangez et buvez. Bien des gens qui l'ont fait ont alors réalisé que la qualité ou la quantité des aliments qu'ils ingéraient était à revoir. Une belle prise de conscience ! Tenir un journal alimentaire est une stratégie pratique qui peut faire la différence.

12. Ne vous interdisez pas d'aliments

Vous interdire certains aliments constitue une source de frustration qui pourrait éventuellement vous mener vers des compulsions alimentaires. Mieux vaut manger des aliments plus caloriques à l'occasion, en quantité raisonnable, que de vivre un sentiment de privation.

13. Faites une liste d'épicerie

Il est plus facile de bien manger lorsque l'on détermine ses menus d'avance et qu'on planifie ses achats. Tenez-vous-en à votre liste d'épicerie et ne vous laissez pas tenter par des grignotines qui n'y figurent pas !

14. Lisez le tableau d'information nutritionnelle et la liste d'ingrédients

Voilà deux mesures qui permettent de faire un choix plus éclairé à l'épicerie. Favorisez les produits alimentaires qui contiennent peu d'ingrédients (à l'image des recettes maison) et moins de sucre et de gras.

15. Faites 30 minutes d'exercice par jour

Une activité physique régulière peut accélérer la perte de poids. Un entraînement en salle est très efficace, mais les simples marches quotidiennes demeurent un excellent point de départ pour s'activer. L'idéal consiste à bouger au moins 30 minutes par jour, même fractionnées en périodes de 10 minutes. Trouvez des activités qui vous plaisent et amusez-vous en bougeant !

Bon appétit et bon succès !

Menu semaine 1

Le texte en caractère gras correspond à une recette du livre.

	Lundi	Mardi	Mercredi
Petit-déjeuner	• 250 ml (1 tasse) de céréales de son • 180 ml (¾ tasse) de lait 1 % m. g. • 125 ml (½ tasse) de bleuets • 1 thé ou 1 café avec 15 ml (1 c. à soupe) de lait 1 % m. g. • 1 rôtie de blé entier • 10 ml (2 c. à thé) de beurre d'arachide • 5 ml (1 c. à thé) de beurre d'arachide	• 2 rôties de pain 100 % blé entier (sans sucre, sans gras) • 10 ml (2 c. à thé) de beurre d'arachide • 125 ml (½ tasse) de framboises • 1 thé ou 1 café avec 15 ml (1 c. à soupe) de lait 1 % m. g. • 5 ml (1 c. à thé) de beurre d'arachide • 125 ml (½ tasse) de jus d'orange	• 1 rôtie de pain aux raisins • 15 ml (1 c. à soupe) de fromage à tartiner léger • 125 ml (½ tasse) de jus d'orange • 125 ml (½ tasse) d'ananas frais • 15 amandes
Collation	• 6 amandes • 20 raisins • 25 g de fromage léger < 18 % m. g. • 5 raisins	• 1 kiwi • 1 rondelle de fromage emballée individuellement (20 g)	• 1 prune • 100 g de yogourt à la vanille 0 % m. g. • 15 ml (1 c. à soupe) de noix de Grenoble
Lunch	• **Pita aux pommes, aux poires et à la dinde fumée (p. 75)** • 200 ml de boisson de soya enrichie • 250 ml (1 tasse) de concombre et de céleri • 25 g de fromage léger < 18 % m. g. • 1 clémentine	• **Salade de couscous de blé entier au tofu et aux raisins rouges (p. 64)** • 250 ml (1 tasse) de chou-fleur • 100 g de yogourt grec aux fruits 0 % m. g. • 200 ml de jus de légumes • 2 biscuits secs • 30 ml (2 c. à soupe) de hoummous	• **Salade de haricots verts au thon (p. 65)** • 200 ml de lait 1 % m. g. • 250 ml (1 tasse) de tomates miniatures • 25 g de fromage léger < 18 % m. g. • 2 craquelins de seigle
Collation	• 2 craquelins de seigle • 15 g (1 c. à soupe) de fromage à tartiner allégé	• 200 ml de boisson de soya enrichie • 1 nectarine	• 3 cœurs de palmier en conserve • 25 g de fromage léger < 18 % m. g. • 200 ml de jus de légumes
Souper	• **Potage printanier (p. 111)** • **Aiglefin à la thaïlandaise (p. 149)** • 125 ml (½ tasse) de nouilles de riz • 250 ml (1 tasse) de laitue, au choix • 15 ml (1 c. à soupe) de vinaigrette légère • Flan coco et mangue (p. 183)	• **Frittata aux légumes grillés (p. 164)** • **Salade de minitomates et de concombre (p. 164)** • Dattes farcies au beurre d'amande et aux noix (p. 179)	• **Poulet sauté à la mangue (p. 128)** • 125 ml (½ tasse) de riz basmati • 6 asperges vapeur • 125 ml (½ tasse) de sorbet aux fruits
Collation	• 125 ml (½ tasse) de lait 1 % m. g.	• 180 ml (¾ tasse) de lait 1 % m. g.	• 125 ml (½ tasse) de boisson de soya enrichie

► **Menu de base à 1 300 Calories.**
► **Menu à 1 500 Calories, ajouter ces aliments au menu de base.**
► **Menu à 1 800 Calories, ajouter ces aliments au menu de base ainsi qu'au menu à 1 500 Calories.**

Jeudi	Vendredi	Samedi	Dimanche
• ¹/₂ muffin anglais de blé entier • 15 g (environ 15 ml) de cretons maigres au veau • 125 ml (¹/₂ tasse) de fromage cottage 1 % m. g. • 125 ml (¹/₂ tasse) de fraises • 1 thé ou 1 café avec 15 ml (1 c. à soupe) de lait 1 % m. g. • ¹/₂ muffin anglais de blé entier • 15 g (environ 15 ml) de cretons maigres au veau	• **Bagel à la ricotta fruitée (p. 46)** • 1 thé ou 1 café avec 15 ml (1 c. à soupe) de lait 1 % m. g. • ¹/₂ pamplemousse • 100 g de yogourt à la vanille 0 % m. g.	• **Crêpes de blé entier aux pommes, nuage de yogourt à la vanille (p. 48)** • 180 ml (³/₄ tasse) de lait 1 % m. g. • 15 ml (1 c. à soupe) de sirop d'érable	• **Ramequin d'œufs et sa salsa de tomates (p. 53)** • ¹/₂ muffin anglais de blé entier • 5 ml (1 c. à thé) de margarine non hydrogénée • ¹/₂ muffin anglais de blé entier • 5 ml (1 c. à thé) de margarine non hydrogénée
• 1 boisson probiotique de 93 ml • 3 dattes séchées • 6 amandes	• 1 kiwi • 1 rondelle de fromage emballée individuellement (20 g)	• ¹/₂ mangue • 125 ml (¹/₂ tasse) de fromage cottage 1 % m. g.	• 1 pêche • 100 g de yogourt à la vanille 0 % m. g.
• **Wrap poulet-canneberges (p. 85)** • 250 ml (1 tasse) de poivron en lanières • 1 poire • 2 galettes de riz nature • 30 ml (2 c. à soupe) de hoummous	• **Salade d'endives au jambon (p. 62)** • 125 ml (¹/₂ tasse) de carottes • 3 biscottes de grains entiers (15 g) • 15 cerises • 125 ml (¹/₂ tasse) de carottes • 30 ml (2 c. à soupe) de hoummous	• **Rouleau de printemps au tofu (p. 77)** • 250 ml (1 tasse) de concombre • 1 kiwi • 125 ml (¹/₂ tasse) de boisson de soya enrichie	• **Salade de mâche et croûton au chèvre (p. 67)** • 125 ml (¹/₂ tasse) de lait 1 % m. g. • 1 clémentine • 1 clémentine
• 125 ml (¹/₂ tasse) de carottes • 25 g de fromage léger < 18 % m. g.	• 125 ml (¹/₂ tasse) d'ananas • 200 ml de boisson de soya enrichie	• 250 ml (1 tasse) de maïs soufflé réduit en gras • 25 g de fromage léger < 18 % m. g.	• 1 poire • 30 ml (2 c. à soupe) d'arachides
• **Ratatouille de pois chiches à l'indienne (p. 169)** • 125 ml (¹/₂ tasse) de riz brun • 250 ml (1 tasse) de laitue, au choix • 15 ml (1 c. à soupe) de vinaigrette légère • 1 orange	• **Saumon asiatique à l'érable (p. 162)** • **125 ml (¹/₂ tasse) de minibok-choy sautés à l'ail (p. 162)** • 125 ml (¹/₂ tasse) de quinoa • 1 clémentine • 2 carrés de chocolat noir	• **Escalope de porc aux épinards et au chèvre (p. 143)** • **125 ml (¹/₂ tasse) de poivrons de différentes couleurs sautés (p. 143)** • 125 ml (¹/₂ tasse) de couscous • 125 ml (¹/₂ tasse) de fraises • Salade de cresson, de copeaux de poire Anjou et de reggiano (entrée) (p. 100)	• **Bœuf sauté aux trois champignons (p. 137)** • 125 ml (¹/₂ tasse) de mélange riz brun et riz sauvage • 125 ml (¹/₂ tasse) de céleri • Salade de jeunes pousses aux amandes grillées et aux framboises (entrée) (p. 102)
• 100 g de yogourt grec aux fruits 0 % m. g. • 2 biscuits secs	• 125 ml (¹/₂ tasse) de lait 1 % m. g. • 2 biscuits secs	• 125 ml (¹/₂ tasse) de yogourt glacé à la vanille	

Menu semaine 2

Le texte en caractère gras correspond à une recette du livre.

	Lundi	Mardi	Mercredi
Petit-déjeuner	• 100 g de yogourt à la vanille 1 % ou 2 % m. g. • 10 ml (2 c. à thé) de graines de tournesol • 125 ml (½ tasse) de mûres • 1 rôtie de pain 100 % blé entier (sans sucre, sans gras) • 10 ml (2 c. à thé) de tartinade à la framboise, réduite en calories • 125 ml (½ tasse) de lait 1 % m. g. • 125 ml (½ tasse) de mûres	• 1 petite rôtie de pain de seigle • 10 ml (2 c. à thé) de beurre d'arachide • 125 ml (½ tasse) de boisson de soya enrichie • ½ pamplemousse • 1 thé ou 1 café avec 15 ml (1 c. à soupe) de lait 1 % m. g. • 5 ml (1 c. à thé) de beurre d'arachide	• 1 sachet de 28 g de crème de blé • 125 ml (½ tasse) de lait 1 % m. g. • 1 orange • 1 thé ou 1 café avec 15 ml (1 c. à soupe) de lait 1 % m. g. • 1 rôtie de pain 100 % blé entier (sans sucre, sans gras) • 10 ml (2 c. à thé) de beurre d'arachide
Collation	• 1 bâtonnet de fromage (21 g) • ½ pomme • 6 amandes	• 1 prune • 100 g de yogourt à la vanille 0 % m. g. • 30 ml (2 c. à soupe) de noix de Grenoble	• 1 boisson probiotique de 93 ml • 125 ml (½ tasse) de fraises
Lunch	• **Sandwich au poulet, au poivron grillé et au pesto (p. 79)** • 250 ml (1 tasse) de tomates miniatures et de concombre • 200 ml de lait 1 % m. g. • 1 kiwi • 30 ml (2 c. à soupe) de hoummous • 2 galettes de riz nature	• **Tortilla à la salade aux œufs et au fenouil (p. 83)** • 250 ml (1 tasse) de concombre et de céleri • 2 biscuits secs • 25 g de fromage léger < 18 % m. g. • 1 banane	• **Salade aux lentilles (p. 60)** • 2 biscottes de grains entiers (10 g) • 25 g de fromage léger < 18 % m. g. • 125 ml (½ tasse) de champignons • 1 pomme
Collation	• 200 ml de jus de légumes • 25 g de fromage brie (environ 26 % m. g.) • ½ poivron rouge moyen	• 200 ml de boisson de soya enrichie • 1 pêche	• 2 biscuits secs • 200 ml de boisson de soya enrichie
Souper	• **Potage froid aux carottes et au cumin (p. 110)** • **Flétan grillé et sa salsa exotique (p. 154)** • 125 ml (½ tasse) de riz blanc • 125 ml (½ tasse) de pois mange-tout vapeur • **Compote express (p. 179)**	• **Chili végé (p. 163)** • 125 ml (½ tasse) de riz brun • 250 ml (1 tasse) de laitue, au choix • 15 ml (1 c. à soupe) de vinaigrette légère • 125 ml (½ tasse) de pouding au riz	• **Bœuf au sésame (p. 136)** • 125 ml (½ tasse) de riz au jasmin • 125 ml (½ tasse) de brocoli vapeur • 125 ml (½ tasse) de brocoli vapeur • **Ananas au miel épicé (p. 176)**
Collation	• 125 ml (½ tasse) de lait 1 % m. g. • 2 biscuits secs	• 100 g de yogourt grec aux fruits 0 % m. g.	• 250 ml (1 tasse) de lait 1 % m. g

▶ **Menu de base à 1 300 Calories.**

▶ Menu à 1 500 Calories, ajouter ces aliments au menu de base.

▶ Menu à 1 800 Calories, ajouter ces aliments au menu de base ainsi qu'au menu à 1 500 Calories.

Jeudi	Vendredi	Samedi	Dimanche
• 1 saucisse végétarienne (46 g) • 1 œuf à la coque • 1 rôtie de pain 100 % blé entier (sans sucre, sans gras) • 1 kiwi • 100 g de yogourt à la vanille 0 % m. g.	• Gruau bonifié (p. 50) • 1 orange • 125 ml (¹/₂ tasse) de lait 1 % m. g. • 1 petite rôtie de pain de seigle • 10 ml (2 c. à thé) de beurre d'arachide • 5 ml (1 c. à thé) de beurre d'arachide	• Omelette toute blanche (p. 51) • ¹/₂ muffin anglais de blé entier • 10 ml (2 c. à thé) de tartinade à la framboise, réduite en calories • 1 thé ou 1 café avec 15 ml (1 c. à soupe) de lait 1 % m. g. • ¹/₂ pamplemousse • ¹/₂ muffin anglais de blé entier • 5 ml (1 c. à thé) de tartinade à la framboise, réduite en calories	• Pain doré santé (p. 52) • 125 ml (¹/₂ tasse) de fraises • 1 thé ou 1 café avec 15 ml (1 c. à soupe) de lait 1 % m. g. • 125 ml (¹/₂ tasse) de boisson de soya enrichie • 125 ml (¹/₂ tasse) de fraises • 125 ml (¹/₂ tasse) de boisson de soya enrichie
• 1 pomme • 200 ml de lait 1 % m. g. • 6 amandes	• 100 g de yogourt à la vanille 0 % m. g. • 125 ml (¹/₂ tasse) de framboises • 125 ml (¹/₂ tasse) de framboises	• ¹/₂ banane • 125 ml (¹/₂ tasse) de lait 1 % m. g.	• 100 g de yogourt grec aux fruits 0 % m. g. • 30 ml (2 c. à soupe) de noix de Grenoble
• Salade de riz, de poulet et de pêche (p. 70) • 250 ml (1 tasse) de chou-fleur • 200 ml de boisson de soya enrichie • 1 clémentine	• Bagel à la mousse de saumon (p. 74) • 250 ml (1 tasse) de poivron • 200 ml de jus de légumes • 30 ml (2 c. à soupe) de hoummous • 1 poire	• Soupe aux pois chiches et au cari (p. 87) • 25 g de fromage léger < 18 % m. g. • ¹/₂ pain naan (environ 25 g) • 1 clémentine	• Tomate farcie au thon (p. 73) • 2 biscottes de grains entiers (10 g) • 15 ml (1 c. à soupe) de fromage à tartiner léger • 1 prune • 250 ml (1 tasse) de laitue, au choix • 15 ml (1 c. à soupe) de vinaigrette légère
• 3 cœurs de palmier en conserve • 25 g de fromage léger < 18 % m. g.	• 6 amandes • 12 raisins • 6 amandes	• 100 g de yogourt à la vanille 0 % m. g. • 125 ml (¹/₂ tasse) de mûres	• 250 ml (1 tasse) de lait 1 % m. g. • 20 raisins
• Sauté de tofu asiatique (p. 171) • 125 ml (¹/₂ tasse) de nouilles de riz • 125 ml (¹/₂ tasse) de haricots verts et jaunes • Potage d'automne (entrée) (p. 109) • 125 ml (¹/₂ tasse) de framboises • 1 petit muffin au son maison (40 g)	• Hauts de cuisse de poulet à la mexicaine (p. 122) • 125 ml (¹/₂ tasse) de riz blanc • 250 ml (1 tasse) de laitue, au choix • 15 ml (1 c. à soupe) de vinaigrette légère	• Magret de canard, sauce aux fraises (p. 135) • 125 ml (¹/₂ tasse) de haricots verts garnis d'amandes grillées • 125 ml (¹/₂ tasse) d'orge perlé • Salade de céleri, de pomme et d'endives (entrée) (p. 96) • Pouding au soya et au chia (p. 184)	• Soupe aux légumes d'hiver (p. 112) • Filet de porc farci aux pommes (p. 144) • 125 ml (¹/₂ tasse) de haricots verts vapeur • 125 ml (¹/₂ tasse) de riz sauvage
• 125 ml (¹/₂ tasse) de boisson de soya enrichie	• 250 ml (1 tasse) de lait 1 % m. g.		• 250 ml (1 tasse) de lait 1 % m. g. • 2 biscuits secs

Menu semaine 3

Le texte en caractère gras correspond à une recette du livre.

	Lundi	Mardi	Mercredi
Petit-déjeuner	• 1 muffin anglais de blé entier • 1 feuille de laitue et 2 tranches de tomate • 1 tranche de fromage suisse 17 % m. g. (environ 19 g) • 1 coupe individuelle de purée de fruits sans sucre ajouté • 1 œuf à la coque • 125 ml (½ tasse) de lait 1 % m. g.	• 1 rôtie de pain 100 % blé entier (sans sucre, sans gras) • 10 ml (2 c. à thé) de beurre d'amande • 180 ml (¾ tasse) de lait 1 % m. g. • 1 clémentine • 1 rôtie de pain 100 % blé entier (sans sucre, sans gras) • 10 ml (2 c. à thé) de beurre d'amande	• Parfait au yogourt • 175 g de yogourt grec 0 % m. g. • 10 ml (2 c. à thé) de graines de chia • 125 ml (½ tasse) de petits fruits mélangés • 30 ml (2 c. à soupe) de céréales muesli • 5 ml (1 c. à thé) de sirop d'érable • ½ muffin anglais de blé entier • 10 ml (2 c. à thé) de beurre d'arachide
Collation	• 1 prune • 100 g de yogourt à la vanille 0 % m. g. • 6 amandes	• 125 ml (½ tasse) de fraises • 125 ml (½ tasse) de fromage cottage 1 % m. g.	• 100 g de yogourt à la vanille 0 % m. g. • 125 ml (½ tasse) d'ananas
Lunch	• Salade de légumineuses (p. 66) • 250 ml (1 tasse) de concombre et de céleri • 1 tortilla de blé entier (environ 25 g) • 200 ml de boisson de soya enrichie • 1 orange • 30 ml (2 c. à soupe) de hoummous	• Salade de poulet aux pacanes (p. 69) • 125 ml (½ tasse) de tomates miniatures • 25 g de fromage léger < 18 % m. g. • 2 craquelins de seigle • 1 nectarine	• Sandwich à saveur indienne (p. 78) • 250 ml (1 tasse) de brocoli • 200 ml de jus de légumes • 30 ml (2 c. à soupe) de hoummous • 1 clémentine
Collation	• 125 ml (½ tasse) de carottes • 25 g de fromage léger < 18 % m. g. • 2 galettes de riz nature	• 1 kiwi • 15 ml (1 c. à soupe) de graines de tournesol • 15 ml (1 c. à soupe) de graines de tournesol	• 3 cœurs de palmier en conserve • 25 g de fromage léger < 18 % m. g. • 3 biscottes de grains entiers (15 g)
Souper	• Salade de concombres et de menthe fraîche, vinaigrette au yogourt (p. 98) • Papillote de poisson blanc aux légumes (p. 158) • 125 ml (½ tasse) de quinoa cuit dans un bouillon • 2 biscuits secs • 10 cerises	• Pizza végé à la feta (p. 168) • 250 ml (1 tasse) de salade verte Boston (huile et vinaigre de vin) (p. 168) • Minigâteau aux poires et à la cardamome (p. 181)	• Macaronis au bœuf et aux petits pois (p. 139) • 250 ml (1 tasse) de jeunes pousses garnies de suprêmes d'orange (p. 139) • 100 g de pouding au soya
Collation	• 125 ml (½ tasse) de lait 1 % m. g.	• 180 ml (¾ tasse) de lait 1 % m. g.	• 125 ml (½ tasse) de lait 1 % m. g. • 125 ml (½ tasse) de lait 1 % m. g.

◉ Menu de base à 1 300 Calories.

◉ Menu à 1 500 Calories, ajouter ces aliments au menu de base.

◉ Menu à 1 800 Calories, ajouter ces aliments au menu de base ainsi qu'au menu à 1 500 Calories.

Jeudi	Vendredi	Samedi	Dimanche
• Tortilla au beurre d'amande (p. 57) • 180 ml (³/₄ tasse) de boisson de soya enrichie • 25 g de fromage léger < 18 % m. g.	• Crème Budwig revisitée (p. 47) • 250 ml (1 tasse) de lait 1 % m. g. • 1 rôtie de pain 100 % blé entier (sans sucre, sans gras) • 10 ml (2 c. à thé) de beurre d'arachide • 5 ml (1 c. à thé) de beurre d'arachide	• Roulade aux œufs brouillés (p. 54) • 125 ml (¹/₂ tasse) de fraises • 1 thé ou 1 café avec 15 ml (1 c. à soupe) de lait 1 % m. g. • ¹/₂ bagel de blé entier • 15 g (environ 15 ml) de cretons maigres au veau	• Croque-poire au fromage grillé (p. 49) • ¹/₂ pamplemousse • 125 ml (¹/₂ tasse) de lait 1 % m. g. • 6 amandes
• 1 kiwi • 1 rondelle de fromage emballée individuellement (20 g) • 6 amandes	• 125 ml (¹/₂ tasse) de fromage cottage 1 % m. g. • 125 ml (¹/₂ tasse) de framboises • 125 ml (¹/₂ tasse) de framboises	• 100 g de yogourt grec aux fruits 0 % m. g. • 125 ml (¹/₂ tasse) de bleuets	• 100 g de yogourt à la vanille 0 % m. g. • 125 ml (¹/₂ tasse) de framboises • 125 ml (¹/₂ tasse) de framboises
• Salade de pennes au thon et au pesto (p. 68) • 250 ml (1 tasse) de chou-fleur • 30 ml (2 c. à soupe) de hoummous • 1 orange	• Tortilla à la tartinade de tofu maison (p. 84) • 250 ml (1 tasse) de concombre • 100 g de yogourt à la vanille 0 % m. g. • 30 ml (2 c. à soupe) de hoummous	• Soupe mexicaine (p. 88) • 250 ml (1 tasse) de laitue, au choix • 15 ml (1 c. à soupe) de vinaigrette légère • 2 biscottes de grains entiers (10 g) • 25 g de fromage léger < 18 % m. g. • 1 prune	• Sandwich ouvert au thon et au pesto (p. 82) • 125 ml (1 tasse) de carottes • 30 ml (2 c. à soupe) de hoummous • 2 biscottes de grains entiers (10 g)
• 200 ml de lait 1 % m. g. • 125 ml (¹/₂ tasse) de bleuets • 125 ml (¹/₂ tasse) de bleuets	• 1 boisson probiotique de 93 ml • 2 dattes séchées • 6 amandes	• 125 ml (¹/₂ tasse) de lait 1 % m. g. • ¹/₂ banane • ¹/₂ banane	• 1 pêche • 2 biscuits secs
• Poulet en croûte d'amandes (p. 125) • 250 ml (1 tasse) de choux chinois miniatures • 2 biscuits secs • Salade de céleri-rave (entrée) (p. 97)	• Salade de fèves germées aux champignons (p. 101) • Crevettes sautées au gingembre (p. 150) • 125 ml (¹/₂ tasse) de pois mange-tout vapeur • 125 ml (¹/₂ tasse) de riz basmati	• Filet de bœuf au vin rouge (p. 138) • 3 pommes de terre grelots, bouillies • 125 ml (¹/₂ tasse) de poivron rouge • Salade d'asperges au prosciutto croustillant (entrée) (p. 92)	• Soupe aux edamames (p. 86) • Boulettes thaïlandaises (p. 132) • 125 ml (¹/₂ tasse) de riz basmati • 6 asperges vapeur • 1 petit pot grec (p. 183)
• 100 g de yogourt grec aux fruits 0 % m. g.	• 125 ml (¹/₂ tasse) de boisson de soya enrichie • 2 biscuits secs	• 125 ml (¹/₂ tasse) de boisson de soya enrichie • 125 ml (¹/₂ tasse) de boisson de soya enrichie	• 125 ml (¹/₂ tasse) de lait 1 % m. g. • 125 ml (¹/₂ tasse) de lait 1 % m. g

Menu semaine 4

Le texte en caractère gras correspond à une recette du livre.

	Lundi	Mardi	Mercredi
Petit-déjeuner	• 1 sachet de gruau nature à 100 % de grains entiers (30 g) • 125 ml (½ tasse) de lait 1 % m. g. • 5 ml (1 c. à thé) de sirop d'érable • 125 ml (½ tasse) de mûres • 6 amandes • 125 ml (½ tasse) de mûres • 5 ml (1 c. à thé) de sirop d'érable	• 1 rôtie de pain 100 % blé entier (sans sucre, sans gras) • 25 g de fromage léger < 18 % m. g. • 125 ml (½ tasse) de salade de fruits frais ou du commerce • 15 ml (1 c. à table) de noix de Grenoble • 1 rôtie de pain 100 % blé entier (sans sucre, sans gras) • 10 ml (2 c. à thé) de beurre d'arachide	• 175 g de yogourt grec nature 0 % m. g. • 125 ml (½ tasse) de fraises, en purée • 30 g de céréales muesli bio • 15 ml (1 c. à soupe) de graines de lin • 125 ml (½ tasse) de jus d'orange
Collation	• 1 kiwi • 1 rondelle de fromage emballée individuellement (20 g) • 15 ml (1 c. à soupe) de graines de tournesol	• 1 boisson probiotique de 93 ml • 125 ml (½ tasse) de framboises	• 200 ml de boisson de soya enrichie • 1 prune • 15 amandes
Lunch	• **Sandwich au thon et aux artichauts (p. 80)** • 125 ml (½ tasse) de céleri • 200 ml de boisson de soya enrichie • 30 ml (2 c. à soupe) de hoummous • 100 g de yogourt à la vanille 0 % m. g.	• **Salade d'edamames à l'asiatique (p. 61)** • ½ pain naan (environ 25 g) • 250 ml (1 tasse) de brocoli • 1 nectarine	• **Salade Tex Mex (p. 72)** • 125 ml (½ tasse) de tomates miniatures • 1 tortilla de blé entier (environ 25 g) • 15 ml (1 c. à soupe) de hoummous
Collation	• 125 ml (½ tasse) de carottes • 25 g de fromage léger < 18 % m. g.	• 200 ml de lait 1 % m. g. • 1 coupe (111 g) de purée de pommes non sucrée	• 1 clémentine • 1 rondelle de fromage emballée individuellement (20 g)
Souper	• **Pâtes aux tomates, au bocconcini et au romarin (p. 166)** • **250 ml (1 tasse) de roquette (huile et vinaigre) (p. 166)** • **Salade d'agrumes à la fleur d'oranger (p. 185)** • 250 ml (1 tasse) de jus de légumes	• **Pain de viande façon tajine (p. 123)** • 125 ml (½ tasse) de couscous de blé entier • **250 ml (1 tasse) de poivrons et de courgettes vapeur (p. 123)** • 125 ml (½ tasse) de lait 1 % m. g. • Salade de betteraves, de fromage de chèvre et de noix de pin (entrée)(p. 94)	• **Quinoa aux crevettes et à la noix de coco (p. 160)** • **125 ml (½ tasse) de salade mangue et poivron rouge (p. 160)** • 180 ml (¾ tasse) de jus de légumes • 100 g de yogourt à la vanille 0 % m. g.
Collation	• 100 g de yogourt à la vanille 0 % m. g. • 2 biscuits secs	• 180 ml (¾ tasse) de boisson de soya enrichie	• 125 ml (½ tasse) de lait 1 % m. g. • 2 biscuits secs

◉ Menu de base à 1 300 Calories.

◉ Menu à 1 500 Calories, ajouter ces aliments au menu de base.

◉ Menu à 1 800 Calories, ajouter ces aliments au menu de base ainsi qu'au menu à 1 500 Calories.

Jeudi	Vendredi	Samedi	Dimanche
• 2 gaufres avoine et blé • 125 ml (½ tasse) de fraises • 10 ml (2 c. à thé) de sirop d'érable • 125 ml (½ tasse) de fraises • 5 ml (1 c. à thé) de sirop d'érable • 125 ml (½ tasse) de boisson de soya enrichie	• Smoothie du Moyen-Orient (p. 55) • 1 petite rôtie de pain de seigle (environ 25 g) • 10 ml (2 c. à thé) de beurre d'arachide	• 1 muffin anglais de blé entier • 1 œuf à la coque • 1 feuille de laitue et 2 tranches de tomate • ½ pamplemousse • 5 ml (1 c. à thé) de margarine non hydrogénée • 125 ml (½ tasse) de lait 1 % m. g.	• ½ bagel de blé entier (environ 40 g) • 15 ml (1 c. à soupe) de fromage à tartiner léger • 30 g (1 oz) de saumon fumé • Quelques câpres • 1 thé ou 1 café avec 15 ml (1 c. à soupe) de lait 1 % m. g. • ½ pamplemousse
• 200 ml de lait 1 % m. g. • 15 ml (1 c. à soupe) de raisins secs • 6 amandes • 6 amandes	• 100 g de yogourt à la vanille 0 % m. g. • 1 prune • 6 amandes	• 100 g de yogourt grec aux fruits 0 % m. g. • 20 cerises	• 250 ml (1 tasse) de boisson de soya enrichie • 15 ml (1 c. à soupe) de raisins secs • 6 amandes
• Salade de saumon et d'épinards (p. 71) • 125 ml (½ tasse) de céleri • 2 biscottes de grains entiers (10 g) • 25 g de fromage léger < 18 % m. g. • 1 pomme	• Salade de couscous au poulet (p. 63) • 125 ml (½ tasse) de brocoli • 200 ml de lait 1 % m. g. • 125 ml (½ tasse) de brocoli • 30 ml (2 c. à soupe) de hoummous • 1 clémentine	• Sandwich grillé aux pleurotes (p. 81) • 250 ml (1 tasse) de laitue, au choix • 15 ml (1 c. à soupe) de vinaigrette légère • 1 pêche • 250 ml (1 tasse) de jus de légumes	• Soupe thaïlandaise aux crevettes (p. 89) • 250 ml (1 tasse) de poivron rouge et de tomates miniatures • 1 tortilla de blé entier (environ 25 g) • 30 ml (2 c. à soupe) de hoummous • 125 ml (½ tasse) de lait 1 % m. g. • 20 raisins
• 125 ml (½ tasse) de mûres • 100 g de yogourt à la vanille 0 % m. g.	• 2 biscottes de grains entiers (10 g) • 1 bâtonnet de fromage (21 g)	• 250 ml (1 tasse) de maïs soufflé réduit en gras • 25 g de fromage léger < 18 % m. g.	• 100 g de yogourt à la vanille 0 % m. g. • 125 ml (½ tasse) de framboises • 125 ml (½ tasse) de framboises
• Mijoté d'hiver express (p. 141) • 125 ml (½ tasse) de salade de chou (huile) (p. 141) • 25 g de fromage léger < 18 % m. g. • 125 ml (½ tasse) de jus de légumes • 125 ml (½ tasse) de pouding au riz	• Papillote de mahi-mahi, tomates séchées et feta (p. 157) • 125 ml (½ tasse) de salade de fenouil aux olives (p. 157) • 125 ml (½ tasse) de riz sauvage • Crumble de petits fruits à l'avoine (p. 178)	• Risotto au poulet et aux canneberges (p. 129) • 125 ml (½ tasse) d'asperges garnies d'amandes en bâtonnets (p. 129) • 180 ml (¾ tasse) de boisson de soya enrichie • Salade fraîcheur de fraises et de bocconcini (entrée) (p. 105)	• Escalope de veau aux tomates séchées (p. 147) • 125 ml (½ tasse) de salade de cœurs d'artichauts et d'olives (p. 147) • 125 ml (½ tasse) de quinoa • Tian de légumes grillés (entrée) (p. 116)
• 125 ml (½ tasse) de boisson de soya enrichie	• 125 ml (½ tasse) de lait 1 % m. g.	• 2 biscuits secs	• 125 ml (½ tasse) de lait 1 % m. g.

Liste des accompagnements des recettes

(valeurs nutritives des accompagnements suggérés pour les plats principaux)

Accompagnement	Portion	Énergie (kcal)
Choux chinois miniatures	250 ml (1 tasse)	18
Haricots verts vapeur	125 ml (½ tasse)	23
Mini-bok-choys sautés dans 5 ml (1 c. à thé) d'huile	125 ml (½ tasse)	31
Pois mange-tout vapeur	125 ml (½ tasse)	36
Chou-fleur caramélisé • 15 ml (1 c. à soupe) d'huile d'olive • 2,5 ml (½ c. à thé) de graines de cumin, écrasées, ou de cumin moulu • 2,5 ml (½ c. à thé) de graines de coriandre, écrasées, ou de coriandre moulu • 250 ml (1 tasse) de chou-fleur, en petits bouquets	250 ml (1 tasse)	150
Dés de courgettes sautés • 125 ml (½ tasse) de courgettes en dés • 5 ml (1 c. à thé) d'huile d'olive • 5 ml (1 c. à thé) de zeste de citron	125 ml (½ tasse)	53
Frites de pommes de terre et de carottes • 125 ml (½ tasse) de pommes de terre en bâtonnets • 125 ml (½ tasse) de carottes en bâtonnets • 5 ml (1 c. à thé) d'huile d'olive • sel et poivre	250 ml (1 tasse)	114
La Boston • 250 ml (1 tasse) de laitue Boston • 10 ml (2 c. à thé) d'huile d'olive • 2,5 ml (½ c. à thé) de vinaigre de vin	250 ml (1 tasse)	91
Mélange de riz • 125 ml (½ tasse) de riz brun et sauvage, assaisonné • 10 ml (2 c. à thé) de ciboulette ou d'oignons verts, ciselés	125 ml (½ tasse)	103
Poivrons de différentes couleurs sautés • 125 ml (½ tasse) de poivrons colorés • 5 ml (1 c. à thé) d'huile d'olive • 10 ml (2 c. à thé) d'oignons verts ciselés	125 ml (½ tasse)	58
Salade d'asperges à l'amande • 125 ml (½ tasse) d'asperges cuites, en tronçons • 10 ml (2 c. à thé) d'amandes tranchées ou en bâtonnets, grillées	125 ml (½ tasse)	44
Salade d'épinards • 250 ml (1 tasse) d'épinards • 10 ml (2 c. à thé) d'huile d'olive • 2,5 ml (½ c. à thé) de vinaigre balsamique	250 ml (1 tasse)	92
Salade d'épinards à l'orange • 250 ml (1 tasse) de jeunes pousses d'épinards • les suprêmes de ½ orange • 10 ml (2 c. à thé) d'huile d'olive • 5 ml (1 c. à thé) de vinaigre de cidre	250 ml (1 tasse)	121

Accompagnement	Portion	Énergie (kcal)
Salade de carottes du Moyen-Orient • 180 ml ($^3/_4$ tasse) de carottes râpées • 10 ml (2 c. à thé) d'huile d'olive • 5 ml (1 c. à thé) de vinaigre de cidre • Une bonne pincée de cumin	180 ml ($^3/_4$ tasse)	119
Salade de chou • 125 ml ($^1/_2$ tasse) de chou râpé • 5 ml (1 c. à thé) d'huile de canola • 1 ml ($^1/_4$ c. à thé) de vinaigre de cidre	125 ml ($^1/_2$ tasse)	53
Salade de cœurs d'artichauts • 125 ml ($^1/_2$ tasse) de cœurs d'artichauts égouttés et coupés en quartiers • 5 olives noires dénoyautées et tranchées • 10 ml (2 c. à thé) d'huile d'olive • 5 ml (1 c. à thé) de vinaigre balsamique	125 ml ($^1/_2$ tasse)	159
Salade de fenouil et d'olives noires • 125 ml ($^1/_2$ tasse) de fenouil émincé • 4 olives noires • 10 ml (2 c. à thé) d'huile d'olive • 5 ml (1 c. à thé) de vinaigre de vin blanc	125 ml ($^1/_2$ tasse)	117
Salade de fèves germées et de champignons • 250 ml (1 tasse) de fèves germées • 30 ml (2 c. à soupe) de champignons tranchés • 10 ml (2 c. à thé) d'huile de canola • 5 ml (1 c. à thé) de vinaigre de riz	280 ml (1 $^1/_4$ tasse)	190
Salade de haricots à l'amande • 125 ml ($^1/_2$ tasse) de haricots verts fins • 5 ml (1 c. à thé) d'amandes en bâtonnets, grillées	125 ml ($^1/_2$ tasse)	35
Salade de haricots verts sautés • 250 ml (1 tasse) de haricots verts • 5 ml (1 c. à thé) d'huile d'olive • 1 petite échalote française, émincée finement	250 ml (1 tasse)	99
Salade de mangue et de poivron • 125 ml ($^1/_2$ tasse) de mangue • 30 ml (2 c. à soupe) de poivron rouge • 10 ml (2 c. à thé) d'huile d'olive • 5 ml (1 c. à thé) de jus de citron vert	155 ml ($^2/_3$ tasse)	146
Salade de poivrons et de courgettes • 125 ml ($^1/_2$ tasse) de poivron • 125 ml ($^1/_2$ tasse) de courgette • 5 ml (1 c. à thé) de jus de citron	250 ml (1 tasse)	35
Salade de poivrons jaunes et oranges • 250 ml (1 tasse) de poivrons jaunes et oranges • 10 ml (2 c. à thé) d'huile d'olive • 5 ml (1 c. à thé) de vinaigre balsamique	250 ml (1 tasse)	130

Accompagnement	Portion	Énergie (kcal)
Salade de poivrons sautés • 125 ml (1/2 tasse) de poivrons de différentes couleurs • 2,5 ml (1/2 c. à thé) d'huile d'olive • 1/2 petite gousse d'ail hachée	125 ml (1/2 tasse)	38
Salade de pommes sautées • 125 ml (1/2 tasse) de pomme en quartiers • 5 ml (1 c. à thé) de beurre	125 ml (1/2 tasse)	66
Salade de roquette • 250 ml (1 tasse) de roquette • 10 ml (2 c. à thé) d'huile d'olive • 2,5 ml (1/2 c. à thé) de vinaigre balsamique	250 ml (1 tasse)	90
Salade de tomates • 250 ml (1 tasse) de tomates cocktail coupées en 2 • 5 ml (1 c. à thé) de basilic frais • 10 ml (2 c. à thé) d'huile d'olive • 2,5 ml (1/2 c. à thé) de vinaigre balsamique	250 ml (1 tasse)	119
Salade de tomates et de basilic • 180 ml (3/4 tasse) de minitomates coupées en 2 ou en 4 • 15 ml (1 c. à soupe) de basilic frais • 5 ml (1 c. à thé) de câpres • 7,5 ml (1/2 c. à soupe) d'huile d'olive • 2,5 ml (1/2 c. à thé) de vinaigre balsamique	180 ml (3/4 tasse)	85
Salade de tomates et de concombre • 125 ml (1/2 tasse) de minitomates coupées en 2 • 125 ml (1/2 tasse) de concombre en dés • 15 ml (1 c. à soupe) de ciboulette ciselée • 10 ml (2 c. à thé) d'huile d'olive • 2,5 ml (1/2 c. à thé) de vinaigre de cidre	250 ml (1 tasse)	111
Salade d'orzo • 125 ml (1/2 tasse) d'orzo, ou autres petites pâtes, cuit • 5 ml (1 c. à thé) d'huile d'olive • 125 ml (1/2 tasse) de légumes en petits dés, au choix : courgette, poivron, carotte, céleri • 5 ml (1 c. à thé) de persil frais, haché	250 ml (1 tasse)	170
Salade mesclun • 250 ml (1 tasse) de mesclun • 1/2 tomate • 5 olives noires • 10 ml (2 c. à thé) d'huile d'olive • 5 ml (1 c. à thé) de vinaigre balsamique	250 ml (1 tasse)	136
Salade verte • 250 ml (1 tasse) de laitue, au choix • 10 ml (2 c. à thé) d'huile d'olive • 2,5 ml (1/2 c. à thé) de vinaigre	250 ml (1 tasse)	95
Salade verte et vinaigrette • 10 ml (2 c. à thé) d'huile d'olive • 5 ml (1 c. à thé) de jus de citron	250 ml (1 tasse)	93

Produits céréaliers et féculents d'accompagnement

Accompagnement	Portion	Énergie (kcal)
Quinoa	125 ml (¹/₂ tasse)	88
Quinoa cuit dans un bouillon	125 ml (¹/₂ tasse)	98
Riz basmati	125 ml (¹/₂ tasse)	110
Riz au jasmin	125 ml (¹/₂ tasse)	110
Riz blanc à grain long cuit dans l'eau	125 ml (¹/₂ tasse)	109
Riz blanc à grain long cuit dans un bouillon	125 ml (¹/₂ tasse)	122
Riz sauvage cuit dans l'eau	125 ml (¹/₂ tasse)	88
Riz sauvage cuit dans un bouillon	125 ml (¹/₂ tasse)	107
Riz brun à grain long cuit dans l'eau	125 ml (¹/₂ tasse)	115
Riz brun à grain long cuit dans un bouillon	125 ml (¹/₂ tasse)	128
Mélange riz brun et riz sauvage	125 ml (¹/₂ tasse)	102
Nouilles de riz cuites	125 ml (¹/₂ tasse)	101
Nouilles udon	125 ml (¹/₂ tasse)	104
Couscous de blé entier	125 ml (¹/₂ tasse)	93
Boulghour	125 ml (¹/₂ tasse)	80
Orge perlé	125 ml (¹/₂ tasse)	102
Pâtes alimentaires blanches	125 ml (¹/₂ tasse)	117
Pâtes alimentaires de blé entier	125 ml (¹/₂ tasse)	92
Patates douces en purée	125 ml (¹/₂ tasse)	134
Polenta	125 ml (¹/₂ tasse)	150
Pomme de terre au four moyenne	1 portion de 175 g	161
Pomme de terre au four moyenne avec 5 ml (1 c. à thé) de beurre	1 portion de 175 g	197
Pomme de terre au four moyenne avec 5 ml (1 c. à thé) de crème sure 14 % m. g.	1 portion de 175 g	170
Pomme de terre au four moyenne avec 5 ml (1 c. à thé) de crème sure 5 % m. g.	1 portion de 175 g	166
Pomme de terre au four moyenne avec 5 ml (1 c. à thé) de crème sure 0 % m. g.	1 portion de 175 g	164
Pommes de terre au gratin	125 ml (¹/₂ tasse)	171
Pommes de terre bouillies	125 ml (¹/₂ tasse)	71
Pommes de terre en purée avec lait 2 % m. g. et beurre	125 ml (¹/₂ tasse)	121
Pommes de terre en purée avec lait entier et beurre	125 ml (¹/₂ tasse)	125
Pommes de terre rissolées	125 ml (¹/₂ tasse)	218
1 grosse pomme de terre au four garnie (bacon, crème sure, échalote et fromage)	1 unité de 330 g	500
Pommes de terre frites assaisonnées au four	100 g	173
Une portion moyenne de frites au restaurant	200 g	590
Salade de pommes de terre	125 ml (¹/₂ tasse)	185
Pommes de terre grelots	3 unités (environ 140 g)	120
Pain naan	1 unité de 50 g	130
Tortilla de blé	1 moyen	75

Liste des légumes avec leur teneur calorique

Légume	Portion	Énergie (kcal)
Asperge	6 tiges moyennes ou unités	19
Aubergine	125 ml (½ tasse) en cubes	18
Bette à carde	250 ml (1 tasse)	7
Betterave	125 ml (½ tasse) en tranches	40
Bok-choy	125 ml (½ tasse) filamenté	5
Brocoli	125 ml (½ tasse) de fleurettes	11
Carotte	125 ml (½ tasse) ou 1 grosse carotte	30
Céleri	125 ml (½ tasse) en bâtonnets	11
Céleri-rave	125 ml (½ tasse)	35
Champignon	125 ml (½ tasse) en morceaux	8
Chou	250 ml (1 tasse) filamenté	18
Chou de Bruxelles	5 unités	38
Chou-fleur	125 ml (½ tasse)	13
Citrouille	125 ml (½ tasse) en purée	26
Cœur d'artichaut en conserve	125 ml (½ tasse)	35
Cœur de palmier en conserve	125 ml (½ tasse)	22
Concombre	125 ml (½ tasse) en tranches	10
Courgette	125 ml (½ tasse) en tranches	10
Courge musquée	125 ml (½ tasse) en cubes	43
Courge spaghetti	125 ml (½ tasse)	22
Crosse de fougère (tête de violon)	125 ml (½ tasse)	21
Endive	250 ml (1 tasse)	9
Épinard	250 ml (1 tasse)	7
Fenouil	125 ml (½ tasse) en tranches	14
Fève germée	125 ml (½ tasse)	16
Haricot	125 ml (½ tasse)	18
Laitue mixte (mesclun)	250 ml (1 tasse)	13
Laitue romaine	250 ml (1 tasse)	10
Maïs jaune en grains	125 ml (½ tasse)	70
Navet	125 ml (½ tasse) en cubes	19
Oignon	125 ml (½ tasse) en tranches	25
Panais	125 ml (½ tasse) en tranches	53
Poireau	125 ml (½ tasse)	29
Pois mange-tout	125 ml (½ tasse) ou 14 cosses	20
Poivron rouge	125 ml (½ tasse) en tranches	15
Poivron vert	125 ml (½ tasse) en tranches	10
Radis	125 ml (½ tasse) en tranches	10
Rapini	250 ml (1 tasse)	11
Tomate	125 ml (½ tasse) en tranches	17
Tomate cerise	125 ml (½ tasse)	14

Légumes d'accompagnement

Accompagnement	Portion	Énergie (kcal)
Asperges grillées au four (avec huile)	6 unités	61
Asperges vapeur	6 unités	20
Brocoli sauté dans 5 ml (1 c. à thé) de beurre	125 ml (½ tasse)	63
Brocoli sauté dans 5 ml (1 c. à thé) d'huile d'olive	125 ml (½ tasse)	68
Brocoli vapeur	125 ml (½ tasse)	27
Carottes glacées au miel	100 g	105
Carottes sautées au beurre	125 ml (½ tasse)	65
Carottes vapeur, en tranches	125 ml (½ tasse)	29
Champignons farcis au fromage à la crème	100 g	102
Champignons sautés	125 ml (½ tasse)	15
Chou-fleur gratiné	100 g	84
Chou-fleur vapeur	125 ml (½ tasse)	15
Choux de Bruxelles sautés au beurre	100 g	91
Choux de Bruxelles vapeur	125 ml (½ tasse)	30
Courge musquée, en tranches	125 ml (½ tasse)	22
Crudités (concombre et céleri)	125 ml (½ tasse)	11
Crudités (concombre et céleri) avec 15 ml (1 c. à soupe) de tzatziki à base de yogourt	125 ml (½ tasse)	31
Poivron rouge sauté	125 ml (½ tasse)	99
Poivron rouge vapeur	125 ml (½ tasse)	20
Salade de chou de type crémeuse (mayonnaise)	100 g	185
Salade de chou de type huileuse (vinaigre)	100 g	106
Salade d'épinards crus avec 15 ml (1 c. à soupe) de vinaigrette italienne sans gras	250 ml (1 tasse)	10
Épinards sautés au beurre	100 g	55
Salade mixte avec 10 ml (2 c. à thé) de vinaigrette balsamique	250 ml (1 tasse)	53
Salade mixte avec 10 ml (2 c. à thé) de vinaigrette crémeuse de type César	250 ml (1 tasse)	73

Liste des trempettes avec leur teneur calorique

Trempette	Portion	Énergie (kcal)
Aux épinards, légère	30 ml (2 c. à soupe)	40
Baba Ganoush	30 ml (2 c. à soupe)	70
Hoummous	30 ml (2 c. à soupe)	70
Tartinade de tofu	30 ml (2 c. à soupe)	90
Tzatziki à base de yogourt	30 ml (2 c. à soupe)	40

Les boissons

Les Calories liquides ne soutiennent pas autant que les Calories solides. Dans le cadre d'un programme de perte de poids, il faut prendre conscience de toutes les Calories consommées, incluant celles provenant des boissons. Voici la liste des boissons populaires avec leur valeur énergétique.

Boisson	Portion	Énergie (kcal)
Eau	250 ml (1 tasse)	0
Eau gazéifiée	250 ml (1 tasse)	0
Eau avec jus de fruits	250 ml (1 tasse) (eau) + 30 ml (2 c. à soupe) (jus)	14
Jus de fruits	125 ml (½ tasse)	56
Jus de fruits (format individuel)	200 ml	90
Jus d'orange	125 ml (½ tasse)	55
Boisson gazeuse (petite canette)	237 ml	100
Boisson gazeuse (canette format régulier)	355 ml	150
Jus de tomates	125 ml (½ tasse)	26
Jus de tomates (format canette)	284 ml	60
Jus de légumes	125 ml (½ tasse)	30
Jus de légumes (format individuel)	200 ml	50
Jus de légumes (format individuel)	300 ml	70
Lait écrémé	250 ml (1 tasse)	80
Lait 1 % m. g.	250 ml (1 tasse)	100
Lait 2 % m. g.	250 ml (1 tasse)	130
Lait 3,25 % m. g.	250 ml (1 tasse)	160
Lait au chocolat 1 % m. g.	250 ml (1 tasse)	160
Boisson de soya non sucrée enrichie	250 ml (1 tasse)	80
Boisson de soya originale enrichie	250 ml (1 tasse)	100
Boisson de soya à la vanille enrichie	250 ml (1 tasse)	130
Boisson de soya au chocolat enrichie	250 ml (1 tasse)	160
Boisson de soya originale enrichie (format individuel)	200 ml	80

Boisson	Portion	Énergie (kcal)
Boisson de soya à la vanille enrichie (format individuel)	200 ml	100
Café soluble	250 ml (1 tasse)	5
Café (un lait, un sucre)	250 ml (1 tasse)	29
Café (une crème, un sucre)	250 ml (1 tasse)	39
Thé infusé	250 ml (1 tasse)	3
Vin blanc	125 ml ou 4 oz	83
	150 ml ou 5 oz	100
Vin rosé	125 ml ou 4 oz	88
	150 ml ou 5 oz	105
Vin rouge	125 ml ou 4 oz	92
	150 ml ou 5 oz	110
Champagne	150 ml ou 5 oz	120
Bière régulière	341 ml	145
Bière légère	341 ml	109
Bière réduite en glucides	341 ml	90

Les petits-déjeuners express

Le petit-déjeuner est un incontournable de la journée. Il faut briser le jeûne de la nuit et livrer des glucides au cerveau pour rester bien concentré. Souvent pressé, on ne prend malheureusement pas toujours le temps d'avaler un petit-déjeuner équilibré. Voici une liste de 30 déjeuners complets rapides, tous à 250 Calories ou moins !

1) ▸ 2 rôties de pain 100 % blé entier (sans sucre, sans gras)
   ▸ 10 ml (2 c. à thé) de beurre d'amande
   ▸ 125 ml (1/2 tasse) de framboises
   ▸ 1 thé ou 1 café avec 15 ml (1 c. à soupe) de lait 1 % m. g.

Total : 243 Calories

2) ▸ 1 rôtie de pain aux raisins
   ▸ 15 ml ou 15 g (1 c. à soupe) de fromage à tartiner léger
   ▸ 125 ml (1/2 tasse) de jus d'orange
   ▸ 125 ml (1/2 tasse) d'ananas frais

Total : 243 Calories

3) ▸ 1 petite rôtie de pain de seigle (environ 25 g)
   ▸ 10 ml (2 c. à thé) de beurre d'arachide
   ▸ 125 ml (1/2 tasse) de boisson de soya enrichie
   ▸ 1/2 pamplemousse
   ▸ 1 thé ou 1 café avec 15 ml (1 c. à soupe) de lait 1 % m. g.

Total : 222 Calories

4) ▸ 1 muffin anglais de blé entier
   ▸ 1 œuf à la coque
   ▸ 25 g (environ 1 oz) de fromage allégé à 4 % m. g.

Total : 248 Calories

5) ▸ 175 g de yogourt grec nature 0 % m. g.
   ▸ 125 ml (1/2 tasse) de fraises
   ▸ 30 g (1 oz) de céréales muesli bio

Total : 239 Calories

6) ▸ 1 rôtie de pain 100 % blé entier (sans sucre, sans gras)
   ▸ 10 ml (2 c. à thé) de beurre d'amande
   ▸ 1 clémentine
   ▸ 180 ml (3/4 tasse) de lait 1 % m. g.

Total : 244 Calories

7) ▸ 250 ml (1 tasse) de céréales de son (flocons)
   ▸ 180 ml (3/4 tasse) de lait 1 % m. g.
   ▸ 125 ml (1/2 tasse) de bleuets
   ▸ 1 thé ou 1 café avec 15 ml de lait 1 % m. g.

Total : 240 Calories

8) ▸ 1 œuf brouillé
   ▸ 1/2 muffin anglais de blé entier
   ▸ 10 ml (2 c. à thé) de beurre d'arachide ou 10 ml (2 c. à thé) de fromage frais de type Quark
   ▸ 1 prune

Total : 247 Calories (avec beurre d'arachide) ou 193 Calories (avec Quark)

9) ▸ 1 sachet de gruau nature à 100 % de grains entiers (30 g)
   ▸ 125 ml (1/2 tasse) de lait 1 % m. g.
   ▸ 5 ml (1 c. à thé) de sirop d'érable
   ▸ 125 ml (1/2 tasse) de mûres

Total : 225 Calories

10)
- 1 omelette santé faite avec 2 œufs et 30 ml (2 c. à soupe) de lait 1 % m. g., et garnie de 60 ml (¹/₄ tasse) de tomate en dés, 80 ml (¹/₃ tasse) de poivron vert en dés, de fines herbes, de sel et de poivre au goût
- ¹/₂ muffin anglais de blé entier
- 1 thé ou 1 café avec 15 ml (1 c. à soupe) de lait 1 % m. g.

Total : 240 Calories

11)
- 100 g de yogourt à la vanille 1 % ou 2 % m. g.
- 10 ml (2 c. à thé) de graines de tournesol
- 125 ml (¹/₂ tasse) de mûres
- 1 rôtie de pain 100 % blé entier (sans sucre, sans gras)
- 10 ml (2 c. à thé) de tartinade à la framboise, réduite en calories

Total : 242 Calories

12)
- ¹/₂ muffin anglais de blé entier
- 15 g (environ 1 c. à soupe) de cretons maigres au veau
- 125 ml (¹/₂ tasse) de fromage cottage 1 % m. g.
- 125 ml (¹/₂ tasse) de fraises
- 1 thé ou 1 café avec 15 ml (1 c. à soupe) de lait 1 % m. g.

Total : 217 Calories

13)
- 125 ml (¹/₂ tasse) de salade de fruits du commerce, dans l'eau
- 1 rôtie de pain 100 % blé entier (sans sucre, sans gras)
- 25 g (environ 1 oz) de fromage allégé (< 18 % m. g.)
- 15 ml (1 c. à table) de noix de Grenoble

Total : 218 Calories

14)
- 1 galette de sarrasin (environ 30 g)
- 10 ml (2 c. à thé) de mélasse
- 125 ml (¹/₂ tasse) de lait 1 % m. g.
- 1 clémentine
- 1 thé ou 1 café avec 15 ml (1 c. à soupe) de lait 1 % m. g.

Total : 242 Calories

15)
- ¹/₂ bagel de blé entier (environ 40 g)
- 1 portion individuelle de fromage fondant à tartiner (17 g)
- 1 pamplemousse
- 1 thé ou 1 café avec 15 ml (1 c. à soupe) de lait 1 % m. g.

Total : 239 Calories

16)
- 100 g de yogourt à la vanille 1 % ou 2 % m. g.
- 10 ml (2 c. à thé) de graines de lin broyées
- 125 ml (¹/₂ tasse) de fraises
- 1 rôtie de pain 100 % blé entier (sans sucre, sans gras)
- 10 ml (2 c. à thé) de tartinade à la framboise, réduite en calories
- 1 thé ou 1 café avec 15 ml (1 c. à soupe) de lait 1 % m. g.

Total : 243 Calories

17)
- 1 saucisse végétarienne (46 g)
- 1 œuf à la coque
- 1 petite rôtie de pain de seigle (environ 25 g)
- 1 kiwi

Total : 246 Calories

18)
- 175 g de yogourt grec nature 0 % m. g.
- 10 ml (2 c. à thé) de graines de chia
- 125 ml (½ tasse) de petits fruits mélangés
- 30 ml (2 c. à soupe) de céréales muesli
- 5 ml (1 c. à thé) de sirop d'érable

Total : 238 Calories

19)
- 1 muffin au son maison (environ 38 g)
- 125 ml (½ tasse) de melon d'eau en cubes
- 125 ml (½ tasse) de boisson de soya enrichie

Total : 239 Calories

20)
- 125 ml (½ tasse) de fromage cottage 1 % m. g.
- 15 ml (1 c. à table) de raisins secs
- ½ muffin anglais
- 10 ml (2 c. à thé) de beurre d'amande

Total : 247 Calories

21)
- 125 ml (½ tasse) de céréales de son (filaments)
- 250 ml (1 tasse) de boisson de soya enrichie
- 1 pêche
- 1 thé ou 1 café avec 15 ml (1 c. à soupe) de lait 1 % m. g.

Total : 248 Calories

22)
- 30 g de céréales de maïs (flocons)
- 180 ml (¾ tasse) de lait 1 % m. g.
- 15 raisins

Total : 243 Calories

23)
- 1 boisson probiotique de 93 ml
- 1 rôtie de pain aux raisins
- 125 ml (½ tasse) de cantaloup en cubes
- 10 ml (2 c. à thé) de fromage à tartiner allégé

Total : 239 Calories

24)
- 1 barre tendre cerise et chocolat noir
- 100 g de yogourt à la vanille 0 % m. g.
- 125 ml (½ tasse) de bleuets

Total : 244 Calories

25)
- 1 crêpe (mélange multigrains avec graines de lin) (environ 35 g)
- 10 ml (2 c. à thé) de sirop d'érable
- 125 ml (½ tasse) de fraises
- 125 ml (½ tasse) de boisson de soya enrichie
- 1 thé ou 1 café avec 15 ml (1 c. à soupe) de lait 1 % m. g.

Total : 250 Calories

26)
- 1 muffin anglais de blé entier
- 1 œuf à la coque
- 1 feuille de laitue et 2 tranches de tomate
- ½ pamplemousse

Total : 235 Calories

27)
- 1 muffin anglais de blé entier
- 1 feuille de laitue et 2 tranches de tomate
- 1 tranche de fromage suisse 17 % m. g. (environ 19 g)
- 1 coupe individuelle de purée de fruits sans sucre ajouté

Total : 248 Calories

28)
- 1 sachet de 28 g de crème de blé
- 125 ml (½ tasse) de lait 1 % m. g.
- 1 orange
- 1 thé ou 1 café avec 15 ml (1 c. à soupe) de lait 1 % m. g.

Total : 216 Calories

29)
- ½ bagel de blé entier (environ 40 g)
- 15 ml (1 c. à soupe) de fromage à tartiner allégé
- 30 g (1 oz) de saumon fumé
- Quelques câpres
- 1 thé ou 1 café avec 15 ml (1 c. à soupe) de lait 1 % m. g.

Total : 210 Calories

30)
- 2 gaufres avoine et blé
- 125 ml (½ tasse) de fraises
- 10 ml (2 c. à thé) de sirop d'érable

Total : 243 Calories

Les collations

On peut personnaliser les menus proposés en ajoutant des collations de son choix au cours de la journée. Plus de 60 idées de collations à 100, 150 et 200 Calories à intégrer le matin et l'après-midi, au besoin.

Collations à 100 Calories

1) ▸ 1 tranche de fromage emballée individuellement (20 g)
   ▸ 1 kiwi

2) ▸ 1 barre tendre à 100 Calories (25 g)

3) ▸ 6 craquelins de grains entiers (12 g)
   ▸ 15 ml (1 c. à soupe) de hoummous
   ▸ 125 ml (½ tasse) de concombre

4) ▸ ½ banane
   ▸ 125 ml (½ tasse) de lait 1 % m. g.

5) ▸ 2 tranches de poitrine de dinde rôtie
   ▸ 25 g (environ 1 oz) de fromage allégé (< 18 % m. g.)

6) ▸ 1 boisson probiotique (93 ml)
   ▸ 125 ml (½ tasse) de melon d'eau

7) ▸ 1 œuf dur
   ▸ 125 ml (½ tasse) de jus de légumes

8) ▸ 1 kiwi
   ▸ 15 ml (1 c. à soupe) de graines de tournesol

9) ▸ ½ muffin anglais de blé entier
   ▸ 1 portion individuelle de fromage fondant à tartiner (17 g)

10) ▸ 125 ml (½ tasse) de jus de légumes
    ▸ 1 galette de riz brun
    ▸ 10 ml (2 c. à thé) de hoummous
    ▸ 125 ml (½ tasse) de poivron vert

11) ▸ 14 carottes miniatures
    ▸ 1 poivron rouge moyen, en tranches
    ▸ 25 g (environ 1 oz) de sauce tzatziki à base de yogourt

12) ▸ 125 ml (½ tasse) de jus d'orange
    ▸ 25 g (environ 1 oz) de fromage allégé à 4 % m. g.

13) ▸ 3 cœurs de palmier en conserve
    ▸ 25 g (environ 1 oz) de fromage allégé (< 18 % m. g.)

14) ▸ 2 craquelins de seigle
    ▸ 15 g (1 c. à soupe) de fromage allégé à tartiner

15) ▸ 2 biscuits secs
    ▸ 125 ml (½ tasse) de boisson de soya enrichie

16) ▸ 6 amandes
    ▸ 15 raisins frais

17) ▸ ½ poire, en tranches
    ▸ 15 ml (1 c. à soupe) de graines de citrouille

18) ▸ 1 prune
    ▸ 100 g de yogourt à la vanille sans gras

19) ▸ 5 craquelins de riz
    ▸ 25 g (environ 1 oz) de fromage allégé à 4 % m. g.

20) ▸ 1 bâtonnet de fromage (21 g)
    ▸ ½ pomme, en tranches

21) ▸ 10 crevettes moyennes cuites (environ 50 g/1 ¾ oz)
    ▸ 30 ml (2 c. à soupe) de sauce cocktail

22) ▸ 250 ml (1 tasse) de maïs soufflé réduit en gras
    ▸ 25 g (environ 1 oz) de fromage allégé (< 18 % m. g.)

Collations à 150 Calories

1) ▸ 1 pomme
   ▸ 180 ml (³/₄ tasse) de lait 1 % m. g.

2) ▸ 2 tranches de jambon (32 g)
   ▸ 30 g (1 oz) de fromage brie (environ 26 % de m. g.)
   ▸ ¹/₂ poivron rouge moyen, coupé en tranches

3) ▸ 125 ml (¹/₂ tasse) de quinoa cuit garni de
     15 ml (1 c. à soupe) de raisins secs et de
     15 ml (1 c. à soupe) d'amandes tranchées

4) ▸ 7 croustilles de maïs (environ 25 g)
   ▸ 60 ml (¹/₄ tasse) de salsa

5) ▸ 1 gourde de purée de fruits à boire
   ▸ 25 g (environ 1 oz) de fromage allégé à 4 % m. g.
   ▸ 1 biscuit sec

6) ▸ 30 ml (2 c. à soupe) de graines de soya rôties,
     non salées
   ▸ 1 pêche

7) ▸ 250 ml (1 tasse) de soupe aux légumes
   ▸ 30 g (1 oz) de fromage allégé à 4 % m. g.

8) ▸ 2 biscuits avoine et chocolat noir
   ▸ 60 ml (¹/₄ tasse) de bleuets

9) ▸ 30 g (1 oz) de fromage allégé à 4 % m. g.
   ▸ 2 biscuits aux figues

10) ▸ 1 tranche de pain de blé entier
    ▸ 10 ml (2 c. à thé) de beurre d'arachide

11) ▸ 250 ml (1 tasse) de boisson de soya enrichie
    ▸ 1 pêche

12) ▸ 7 olives vertes dénoyautées (environ 25 g)
    ▸ 3 craquelins de seigle

13) ▸ ¹/₂ mangue
    ▸ 125 ml (¹/₂ tasse) de fromage cottage 1 % m. g.

14) ▸ 125 ml (¹/₂ tasse) d'ananas
    ▸ 250 ml (1 tasse) de boisson de soya enrichie

15) ▸ 150 g (5 oz) de tofu dessert
    ▸ 30 ml (2 c. à soupe) de muesli faible en sucres
      et en gras

16) ▸ 125 ml (¹/₂ tasse) de pouding au tapioca
      non sucré
    ▸ 2 biscuits secs
    ▸ 10 raisins

17) ▸ 1 œuf dur
    ▸ ¹/₂ muffin anglais de blé entier

18) ▸ 125 ml (¹/₂ tasse) de radis
    ▸ 125 ml (¹/₂ tasse) de champignons
    ▸ 125 ml (¹/₂ tasse) de chou-fleur
    ▸ 30 g (1 oz) de trempette
      aux épinards allégée
    ▸ 2 galettes de riz brun

19) ▸ 1 boisson probiotique de 93 ml
    ▸ 3 dattes séchées

20) ▸ 4 tranches de prosciutto (40 g)
    ▸ 150 g (5 oz) de cantaloup

Collations à 200 Calories

1) ▸ 3 carrés de chocolat noir
   ▸ 125 ml (¹/₂ tasse) d'ananas en dés

2) ▸ 3 boules de fromage bocconcini cocktail (30 g)
   ▸ 10 tomates cerises
   ▸ 15 ml (1 c. à soupe) de pesto au basilic frais
   ▸ 2 biscottes de blé entier (10 g)

3) ▸ 30 ml (2 c. à soupe) d'amandes
   ▸ 30 ml (2 c. à soupe) de canneberges séchées
   ▸ 180 ml (³/₄ tasse) de lait 1 % m. g.

4) ▸ ¹/₂ bagel de blé entier
   ▸ 10 ml (2 c. à thé) de beurre d'amande
   ▸ 125 ml (¹/₂ tasse) de melon d'eau en cubes

5) ▸ 175 g de yogourt grec nature 0 % m. g.
   ▸ 125 ml (¹/₂ tasse) de bleuets
   ▸ 15 ml (1 c. à soupe) de sirop d'érable

6)
- ▶ 2 biscuits Graham
- ▶ 100 g de yogourt aux fruits 1 % ou 2 % m. g.
- ▶ 10 cerises

7)
- ▶ 30 ml (2 c. à soupe) d'arachides
- ▶ 1 poire

8)
- ▶ 100 g de pouding de soya
- ▶ 2 biscuits secs
- ▶ 125 ml (1/2 tasse) de mûres

9)
- ▶ 60 ml (1/4 tasse) de pistaches écaillées
- ▶ 125 ml (1/2 tasse) de cantaloup en cubes

10)
- ▶ 15 bretzels (environ 25 g/environ 1 oz)
- ▶ 25 g (environ 1 oz) de fromage allégé (< 18 % m. g.)
- ▶ 125 ml (1/2 tasse) de jus de légumes

11)
- ▶ 20 g (1/3 tasse) de bananes séchées
- ▶ 100 g de yogourt grec nature 0 % m. g.
- ▶ 5 ml (1 c. à thé) de miel

12)
- ▶ 80 ml (1/3 tasse) de pois chiches rôtis (avec 5 ml/1 c. à thé d'huile d'olive et des épices au choix : cumin, origan, poivre, piment de Cayenne…)
- ▶ 125 ml (1/2 tasse) de brocoli
- ▶ 10 tranches de poivron jaune
- ▶ 125 ml (1/2 tasse) de jus de légumes

13)
- ▶ 60 ml (1/4 tasse) d'avocat en purée
- ▶ 6 croustilles de maïs (environ 20 g)

14)
- ▶ 1 bagel mince raisins et cannelle (40 g)
- ▶ 30 g (1 oz) de fromage allégé à tartiner
- ▶ 125 ml (1/2 tasse) d'ananas

15)
- ▶ 1 muffin au son maison (38 g/environ 1 1/4 oz)
- ▶ 100 g de yogourt sans gras, sans sucre ajouté

16)
- ▶ 250 ml (1 tasse) de boisson de soya enrichie
- ▶ 1 coupe de purée de fruits sans sucre ajouté
- ▶ 1 biscuit aux figues

17)
- ▶ 2 galettes de riz brun
- ▶ 10 ml (2 c. à thé) de beurre d'amande
- ▶ 125 ml (1/2 tasse) de lait 1 % m. g.

18)
- ▶ 125 ml (1/2 tasse) de fromage cottage 1 % m. g.
- ▶ 15 ml (1 c. à soupe) de graines de lin broyées
- ▶ 125 ml (1/2 tasse) de fraises
- ▶ 125 ml (1/2 tasse) de mûres

19)
- ▶ 1/2 pain pita de blé entier grillé au four
- ▶ 50 g (environ 2 oz) de bruschetta

20)
- ▶ 1 tortilla de blé entier (34 g)
- ▶ 40 g (environ 1 1/2 oz) de saumon fumé
- ▶ 15 g (1 c. à soupe) de fromage allégé à tartiner
- ▶ 125 ml (1/2 tasse) de roquette
- ▶ 15 ml (1 c. à soupe) d'oignon rouge

21)
- ▶ 30 g (1 oz) de fromage brie (environ 26 % m. g.)
- ▶ 3 biscottes de grains entiers (15 g)
- ▶ 200 ml de jus de légumes

Les desserts

Pour se gâter sans trop faire grimper le compte calorique, il suffit d'opter pour des desserts modérément caloriques qui allient plaisir et santé. Voici 30 idées à moins de 200 Calories.

1)
- ▶ 125 ml (1/2 tasse) de pouding au tapioca (140 Calories)

2)
- ▶ 125 ml (1/2 tasse) de pouding au riz (130 Calories)

3)
- ▶ 1 coupe de 113 g de flan au caramel (140 Calories)

4)
- ▶ 125 ml (1/2 tasse) de pouding au chocolat (140 Calories)

5)
- ▶ 125 ml (1/2 tasse) de sorbet aux fruits (80 Calories)

6)
- ▶ 125 ml (1/2 tasse) de yogourt glacé à la vanille (100 Calories)

7) ▸ 125 ml (½ tasse) de crème glacée à la vanille (123 Calories)

8) ▸ 125 ml (½ tasse) de crème glacée érable et noix (140 Calories)

9) ▸ 125 ml (½ tasse) de fromage cottage 1 % m. g. avec 250 ml (1 tasse) de petits fruits mélangés (160 Calories)

10) ▸ 1 coupe (111 g) de purée de pommes non sucrée (50 Calories)

11) ▸ 1 coupe (113 g) de purée de framboises sucrée (100 Calories)

12) ▸ 1 yogourt à boire de 200 ml à la fraise (150 Calories)

13) ▸ 175 g de yogourt grec dattes et figues 0 % m. g. (140 Calories)

14) ▸ 2 biscuits avoine et chocolat noir (25 g) (130 Calories)

15) ▸ 2 biscuits secs (10 g) et 1 petit yogourt de (100 g) à 2 % m. g. (150 Calories)

16) ▸ 180 ml (¾ tasse) de salade de fruits dans un sirop léger (120 Calories)

17) ▸ 125 ml (½ tasse) de fromage frais de type Quark servi avec 125 ml (½ tasse) de framboises et nappé de 15 ml (1 c. à soupe) de sirop d'érable (162 Calories)

18) ▸ 20 g (environ ¾ oz) de chocolat noir fondu servi sur ½ banane et 125 ml (½ tasse) de fraises coupées en tranches (186 Calories)

19) ▸ un morceau de gâteau des anges (40 g) servi avec 125 ml (½ tasse) de fraises en purée (145 Calories)

20) ▸ 1 coupe de 100 g de mousse de soya à saveur de chocolat et un biscuit son d'avoine et canneberges (174 Calories)

21) ▸ 125 ml (½ tasse) d'ananas dans son jus en conserve, saupoudré de 15 g (0,5 oz) de flocons d'avoine (127 Calories)

22) ▸ 1 petit muffin au son fait maison (40 g) (170 Calories)

23) ▸ 1 poire pochée, aromatisée au zeste et au jus de citron (110 Calories)

24) ▸ 125 ml (½ tasse) de bleuets et 30 ml (2 c. à soupe) de noix hachées, arrosés de 5 ml (1 c. à thé) de miel (163 Calories)

25) ▸ 1 pomme évidée cuite au four et garnie de fruits séchés, de flocons d'avoine et de noix, et arrosée d'un filet de sirop d'érable (160 Calories)

26) ▸ 1 coupe de 100 g de pouding de soya fouetté au citron vert (110 Calories)

27) ▸ 100 g (1 petit pot individuel) de yogourt grec aux bleuets 0 % m. g. (80 Calories)

28) ▸ 60 ml (¼ tasse) de canneberges séchées et 10 amandes (172 Calories)

29) ▸ 1 coupe (107 ml) de salade de fruits tropicale dans l'eau (35 Calories)

30) ▸ 2 carrés (20 g) de chocolat noir (70 % cacao) + 125 ml (½ tasse) de lait 1 % m. g. (160 Calories)

Les fruits représentent d'excellentes options de dessert. Terminez au moins l'un des repas de la journée avec un fruit. Variez aussi votre sélection afin d'obtenir un large éventail d'éléments nutritifs.

Liste de fruits avec leur teneur calorique

Fruit	Portion	Calories
Ananas	125 ml ($^1/_2$ tasse) (en dés)	41
Abricot	2 unités	33
Banane	1 moyenne	105
Bleuet	125 ml ($^1/_2$ tasse)	44
Cantaloup	125 ml ($^1/_2$ tasse) (en cubes)	29
Cerise	10 unités	52
Clémentine	1 unité	35
Figue	1 unité	37
Fraise	125 ml ($^1/_2$ tasse) (en moitiés)	27
Framboise	125 ml ($^1/_2$ tasse)	34
Fruit de la passion	1 unité	17
Goyave	1 unité	61
Grenade	$^1/_2$ unité	64
Groseille	125 ml ($^1/_2$ tasse)	35
Kiwi	1 unité	46
Litchi	10 unités	63
Melon d'eau	125 ml ($^1/_2$ tasse) (en dés)	24
Mandarine	1 unité	45
Melon miel	125 ml ($^1/_2$ tasse) (en cubes)	32
Mangue	$^1/_2$ mangue	67
Mûre	125 ml ($^1/_2$ tasse)	33
Nectarine	1 unité	60
Orange	1 unité	62
Pamplemousse	$^1/_2$ unité	37
Papaye	125 ml ($^1/_2$ tasse) (en cubes)	29
Pêche	1 unité	38
Pomme	1 unité	72
Poire	1 unité	96
Prune	1 unité	30
Raisin	20 unités	68

Les petits-déjeuners
à 250 Calories
et moins !

Le petit-déjeuner est un incontournable de la journée. Il brise le jeûne de la nuit et procure une bonne dose d'énergie pour bien commencer la journée. Le repas matinal idéal est constitué d'aliments provenant d'au moins trois des quatre groupes du *Guide alimentaire canadien*. Il ne faut pas négliger d'y inclure une source de protéines (beurre d'arachide, fromage, œuf, yogourt grec, etc.) de façon à être rassasié pour la matinée. Voici de délicieuses suggestions pour partir du bon pied.

Bagel à la ricotta fruitée

| énergie **196 kcal** | lipides **6 g** | glucides **28 g** | fibres **3 g** | protéines **9 g** | sodium **261 mg** |

1 portion

45 ml	(**3 c. à soupe**) de fraises, écrasées grossièrement en purée
30 ml	(**2 c. à soupe**) de ricotta allégée
½	bagel de blé entier
10 ml	(**2 c. à thé**) d'amandes tranchées

2 portions

90 ml	(**6 c. à soupe**) de fraises, écrasées grossièrement en purée
60 ml	(**¼ tasse**) de ricotta allégée
1	bagel de blé entier
20 ml	(**4 c. à thé**) d'amandes tranchées

PRÉPARATION

- Dans un petit bol, mélanger les fraises et la ricotta.
- Répartir le mélange sur le bagel et garnir d'amandes.

····· *Variante 1* ·····
Remplacer les fraises par des framboises.

····· *Variante 2* ·····
Remplacer la ricotta par du fromage à la crème allégé.

Nutri-note

Apportant calcium, protéines et peu de gras, la ricotta allégée est un fromage de choix!

Crème Budwig revisitée

énergie 242 kcal	lipides 8 g	glucides 34 g	fibres 4 g	protéines 13 g	sodium 34 mg

1 portion

80 ml	(⅓ tasse) de yogourt grec 0 % m. g.
5 ml	(1 c. à thé) d'huile de lin
	Le jus de ½ citron
½	banane mûre, écrasée
125 ml	(½ tasse) de fraises fraîches
15 ml	(1 c. à soupe) de son d'avoine
10 ml	(2 c. à thé) de graines de chanvre
5 ml	(1 c. à thé) de miel

2 portions

160 ml	(⅔ tasse) de yogourt grec 0 % m. g.
10 ml	(2 c. à thé) d'huile de lin
	Le jus de 1 citron
1	banane mûre, écrasée
250 ml	(1 tasse) de fraises fraîches
30 ml	(2 c. à soupe) de son d'avoine
20 ml	(4 c. à thé) de graines de chanvre
10 ml	(2 c. à thé) de miel

PRÉPARATION

• Émulsionner le yogourt et l'huile en battant énergiquement (on ne doit pas voir de traces d'huile). Ajouter le reste des ingrédients, mélanger et servir.

Nutri-note

Popularisée par le Dr Kousmine, la crème Budwig est dotée de plusieurs attraits nutritionnels. On a tout intérêt à l'intégrer à nos habitudes matinales!

· · · · · · · · · *Variante 1* · · · · · · · ·

Remplacer le yogourt grec par du fromage frais de type quark.

· · · · · · · · · *Variante 2* · · · · · · · ·

Remplacer le son d'avoine par la même quantité de graines de chia.

· · · · · · · · · *Variante 3* · · · · · · · ·

Remplacer la banane en doublant la quantité de miel.

Crêpes de blé entier aux pommes, nuage de yogourt à la vanille

énergie 246 kcal	lipides 8 g	glucides 32 g	fibres 4 g	protéines 12 g	sodium 96 mg

1 portion

50 ml	(3 c. à soupe + 1 c. à thé) de lait 1% m. g.
1	petit œuf
50 ml	(3 c. à soupe + 1 c. à thé) de farine de blé entier
	Une pincée de sel
	Huile en aérosol
2,5 ml	(½ c. à thé) de beurre
½	pomme, coupée en tranches
	Une pincée de cannelle
20 ml	(4 c. à thé) de yogourt grec à la vanille 0% m. g.

2 portions

100 ml	(6 c. à soupe + 2 c. à thé) de lait 1% m. g.
2	petits œufs
100 ml	(6 c. à soupe + 2 c. à thé) de farine de blé entier
	Une pincée de sel
	Huile en aérosol
5 ml	(1 c. à thé) de beurre
1	pomme, coupée en tranches
	Une pincée de cannelle
45 ml	(3 c. à soupe) de yogourt grec à la vanille 0% m. g.

PRÉPARATION

- Dans un bol, fouetter le lait et l'œuf. Ajouter la farine et le sel. Mélanger jusqu'à l'obtention d'une pâte lisse. Laisser reposer 30 minutes.

- Dans une grande poêle vaporisée d'huile, sur feu moyen, verser la pâte et bien l'étaler en basculant légèrement la poêle. Cuire quelques minutes de chaque côté, jusqu'à ce que la crêpe soit dorée. Réserver.

- Dans une poêle sur feu moyen, chauffer le beurre et faire sauter la pomme jusqu'à légère coloration. Ajouter la cannelle.

- Garnir la crêpe de pommes, replier et napper de yogourt.

········· *Variante 1* ·········
Remplacer la cannelle par 5 ml (1 c. à thé) de sirop d'érable.

········· *Variante 2* ·········
Remplacer la pomme par une poire Anjou.

Croque-poire au fromage grillé

| énergie **211 kcal** | lipides **7 g** | glucides **28 g** | fibres **3 g** | protéines **10 g** | sodium **235 mg** |

1 portion

5 ml	(**1 c. à thé**) de beurre ou de margarine non hydrogénée
½	poire, émincée finement
1	tranche mince (**30 g/1 oz**) de pain aux noix
1	tranche (**25 g/¾ oz**) de fromage suisse allégé

2 portions

10 ml	(**2 c. à thé**) de beurre ou de margarine non hydrogénée
1	poire, émincée finement
2	tranches minces (**30 g/1 oz chacune**) de pain aux noix
2	tranches (**25 g/¾ oz chacune**) de fromage suisse allégé

PRÉPARATION

• Allumer le gril du four.

• Dans une poêle, faire fondre le beurre et y faire revenir les tranches de poire.

• Faire griller le pain au four ou au grille-pain.

• Garnir le pain de poire et ajouter le fromage.

• Faire fondre le fromage sous le gril et servir.

.... *Variante 1* ....
Remplacer la poire par une pomme.

.... *Variante 2* ....
Remplacer le pain aux noix par du pain aux raisins.

Gruau bonifié

énergie **180 kcal**	lipides **5 g**	glucides **29 g**	fibres **3 g**	protéines **4 g**	sodium **3 mg**

1 portion

180 ml	(¾ tasse)	de gruau, cuit
15 ml	(1 c. à soupe)	de canneberges séchées
15 ml	(1 c. à soupe)	de noix de Grenoble
15 ml	(1 c. à soupe)	de germe de blé
5 ml	(1 c. à thé)	de sirop d'érable

2 portions

375 ml	(1 ½ tasse)	de gruau, cuit
30 ml	(2 c. à soupe)	de canneberges séchées
30 ml	(2 c. à soupe)	de noix de Grenoble
30 ml	(2 c. à soupe)	de germe de blé
10 ml	(2 c. à thé)	de sirop d'érable

PRÉPARATION

- Ajouter au gruau cuit le reste des ingrédients et servir.

Variante 1

Remplacer le gruau par de la crème de blé.

Variante 2

Remplacer les noix par des amandes en bâtonnets et le germe de blé par des graines de lin.

Nutri-note

Pour rehausser la valeur nutritive, cuire le gruau dans du lait. Voilà un bonus de calcium et de vitamine D !

Omelette toute blanche

énergie **138 kcal**	lipides **5 g**	glucides **5 g**	fibres **1 g**	protéines **17 g**	sodium **350 mg**

1 portion

90 ml*	**(6 c. à soupe)** de blancs d'œufs liquides
15 ml	**(1 c. à soupe)** de lait 1 % m. g.
Au goût	sel et poivre
	Huile en aérosol
60 ml	**(¼ tasse)** de poireaux, émincés
30 g	**(1 oz)** de fromage mozzarella allégé (environ 17 % m. g.)

2 portions

180 ml*	**(¾ tasse)** de blancs d'œufs liquides
30 ml	**(2 c. à soupe)** de lait 1 % m. g.
Au goût	sel et poivre
	Huile en aérosol
125 ml	**(½ tasse)** de poireaux, émincés
60 g	**(2 oz)** de fromage mozzarella allégé (environ 17 % m. g.)

* 30 ml	= 1 blanc d'œuf

PRÉPARATION

• Dans un petit bol, fouetter les blancs d'œufs et le lait. Saler et poivrer.

• Dans une poêle antiadhésive vaporisée d'huile, sur feu moyen-doux, faire revenir le poireau jusqu'à légère coloration.

• Verser le mélange de blancs d'œufs dans la poêle et cuire quelques minutes. Saupoudrer du fromage et poursuivre la cuisson jusqu'à ce que le mélange soit cuit.

·········· *Variante 1* ··········
Ajouter 30 ml (2 c. à soupe) de champignons de Paris hachés finement.

·········· *Variante 2* ··········
Ajouter le fromage à la toute fin et passer sous le gril du four jusqu'à coloration.

Pain doré santé

| énergie **239 kcal** | lipides **9 g** | glucides **29 g** | fibres **3 g** | protéines **14 g** | sodium **241 mg** |

1 portion

1	œuf
15 ml	**(1 c. à soupe)** de lait 1 % m. g.
10 ml	**(2 c. à thé)** de sirop d'érable
1	tranche de pain 100 % grains entiers
30 ml	**(2 c. à soupe)** de yogourt grec 0 % m. g. à la vanille
10 ml	**(2 c. à thé)** de pacanes

2 portions

2	œufs
30 ml	**(2 c. à soupe)** de lait 1 % m. g.
20 ml	**(4 c. à thé)** de sirop d'érable
2	tranches de pain 100 % grains entiers
60 ml	**(¼ tasse)** de yogourt grec 0 % m. g. à la vanille
20 ml	**(4 c. à thé)** de pacanes

PRÉPARATION

- Dans un petit bol, battre l'œuf, le lait et la moitié du sirop d'érable.
- Imbiber le pain du mélange.
- Dans une poêle antiadhésive, dorer le pain.
- Déposer dans une assiette, napper de yogourt grec et du reste du sirop d'érable. Parsemer de pacanes et servir.

·········· *Variante 1* ··········

Remplacer le pain de grains entiers par du pain aux noix.

·········· *Variante 2* ··········

Ajouter 1 figue fraîche coupée en quartiers (ou 1 figue séchée coupée en dés) sur le yogourt.

Ramequin d'œufs et sa salsa de tomates

énergie **241 kcal**	lipides **14,5 g**	glucides **8 g**	fibres **2 g**	protéines **20 g**	sodium **316 mg**

1 portion

2	œufs
15 ml	**(1 c. à soupe)** de lait 1 % m. g.
Au goût	sel et poivre
	Huile en aérosol
2	petites tomates italiennes, épépinées et coupées en dés
½	oignon vert, haché
Au goût	piment de Cayenne
30 g	**(1 oz)** de fromage mozzarella allégé (17 % m. g.), râpé

2 portions

4	œufs
30 ml	**(2 c. à soupe)** de lait 1 % m. g.
Au goût	sel et poivre
	Huile en aérosol
4	petites tomates italiennes, épépinées et coupées en dés
1	oignon vert, haché
Au goût	piment de Cayenne
60 g	**(2 oz)** de fromage mozzarella allégé (17 % m. g.), râpé

PRÉPARATION

- Allumer le gril du four.

- Fouetter les œufs avec le lait, saler et poivrer au goût.

- Dans une poêle vaporisée d'huile, sur feu moyen, faire revenir le mélange d'œufs en remuant avec une cuillère de bois pour obtenir des œufs brouillés.

- Déposer dans un ramequin d'une contenance d'au moins 250 ml (1 tasse).

- Préparer une salsa de tomate en mélangeant les tomates, l'oignon et le piment de Cayenne.

- Déposer la salsa sur les œufs, parsemer de fromage et passer sous le gril jusqu'à ce que le fromage soit fondu.

············ *Variante 1* ············

Ajouter ½ tranche de prosciutto croustillant au mélange d'œufs (voir à la page 92).

············ *Variante 2* ············

Ajouter 2 olives vertes émincées à la salsa.

Roulade aux œufs brouillés

| énergie **232 kcal** | lipides **11 g** | glucides **17 g** | fibres **2 g** | protéines **17 g** | sodium **433 mg** |

1 portion

	Huile en aérosol
1	œuf
5 ml	**(1 c. à thé)** de pesto
Au goût	sel et poivre
1	tortilla moyenne **(18 cm/7 po)** de blé entier
30 g	**(1 oz)** de fromage suisse allégé, râpé

2 portions

	Huile en aérosol
2	œufs
10 ml	**(2 c. à thé)** de pesto
Au goût	sel et poivre
2	tortillas moyennes **(18 cm/7 po)** de blé entier
60 g	**(2 oz)** de fromage suisse allégé, râpé

PRÉPARATION

• Vaporiser une poêle antiadhésive d'huile en aérosol. Y casser l'œuf et mélanger avec une cuillère de bois. Ajouter le pesto à l'œuf brouillé. Saler et poivrer.

• Faire chauffer la tortilla au micro-ondes environ 10 secondes.

• Déposer la garniture à l'œuf au centre de la tortilla. Garnir de fromage et rouler.

Variante 1

Remplacer le pesto par la même quantité de tapenade.

Variante 2

Remplacer le pesto par 10 ml (2 c. à thé) de tomates séchées hachées et 2 feuilles de basilic ciselées.

Smoothie antivieillissement

énergie **250 kcal** lipides **6 g** glucides **39 g** fibres **8 g** protéines **11 g** sodium **105 mg**

1 portion

180 ml	**(¾ tasse)**	de boisson de soya enrichie
125 ml	**(½ tasse)**	de bleuets, frais ou surgelés
125 ml	**(½ tasse)**	de framboises, fraîches ou surgelées
10 ml	**(2 c. à thé)**	de graines de lin moulues
15 ml	**(1 c. à soupe)**	de germe de blé
7,5 ml	**(½ c. à soupe)**	de sirop d'érable

2 portions

375 ml	**(1½ tasse)**	de boisson de soya enrichie
250 ml	**(1 tasse)**	de bleuets, frais ou surgelés
250 ml	**(1 tasse)**	de framboises, fraîches ou surgelées
20 ml	**(4 c. à thé)**	de graines de lin moulues
30 ml	**(2 c. à soupe)**	de germe de blé
15 ml	**(1 c. à soupe)**	de sirop d'érable

PRÉPARATION

• Au mélangeur, réduire en purée tous les ingrédients.

··· *Variante 1* ···
Remplacer les graines de lin par des graines de chia.

··· *Variante 2* ···
Remplacer 60 ml (¼ tasse) des fruits par des canneberges surgelées.

Smoothie du Moyen-Orient

énergie **249 kcal** lipides **5 g** glucides **54 g** fibres **8 g** protéines **3 g** sodium **132 mg**

1 portion

180 ml	**(¾ tasse)**	de boisson d'amande enrichie à la vanille, non sucrée
2		dattes medjool, hachées
½		banane
10 ml	**(2 c. à thé)**	de graines de chia

2 portions

375 ml	**(1 ½ tasse)**	de boisson d'amande enrichie à la vanille, non sucrée
4		dattes medjool, hachées
1		banane
20 ml	**(4 c. à thé)**	de graines de chia

PRÉPARATION

• Au mélangeur, réduire en purée tous les ingrédients.

········ *Variante 1* ········
Pour un smoothie encore plus riche en glucides, parfait avant un entraînement intense, ajouter 10 ml (2 c. à thé) de miel.

········ *Variante 2* ········
Remplacer les graines de chia par des graines de sésame.

Smoothie minceur

énergie 208 kcal	lipides 5 g	glucides 35 g	fibres 5 g	protéines 8 g	sodium 125 mg

1 portion

250 ml	**(1 tasse)** de boisson de soya enrichie originale
125 ml	**(½ tasse)** de fraises, fraîches ou surgelées
125 ml	**(½ tasse)** de mangue, fraîche ou surgelée, en dés
15 ml	**(1 c. à soupe)** de feuilles de menthe
5 ml	**(1 c. à thé)** de miel

······· *Variante 1* ·······

Remplacer la boisson de soya par une boisson d'amande et ajouter 30 ml (2 c. à soupe) de yogourt grec à la vanille.

······· *Variante 2* ·······

Remplacer la mangue par des bleuets.

2 portions

500 ml	**(2 tasses)** de boisson de soya enrichie originale
250 ml	**(1 tasse)** de fraises, fraîches ou surgelées
250 ml	**(1 tasse)** de mangue, fraîche ou surgelée, en dés
30 ml	**(2 c. à soupe)** de feuilles de menthe
10 ml	**(2 c. à thé)** de miel

PRÉPARATION

• Au mélangeur, réduire en purée tous les ingrédients.

Smoothie vitalité

énergie 250 kcal	lipides 8 g	glucides 35 g	fibres 2 g	protéines 10 g	sodium 135 mg

1 portion

180 ml	**(¾ tasse)** de lait 1 % m. g.
½	banane
10 ml	**(2 c. à thé)** de beurre d'arachide
7,5 ml	**(½ c. à soupe)** de sirop d'érable
20 ml	**(4 c. à thé)** de germe de blé

2 portions

375 ml	**(1 ½ tasse)** de lait 1 % m. g.
1	banane
20 ml	**(4 c. à thé)** de beurre d'arachide
15 ml	**(1 c. à soupe)** de sirop d'érable
45 ml	**(3 c. à soupe)** de germe de blé

PRÉPARATION

• Au mélangeur, réduire en purée tous les ingrédients.

Cuisi-truc

On peut congeler les bananes bien mûres, pelées. Elles sont prêtes à être intégrées aux smoothies pour leur donner un brin de fraîcheur !

············ *Variante 1* ············

Remplacer le lait par une boisson de soya enrichie.

············ *Variante 2* ············

Pour une boisson encore plus protéinée, ajouter 60 ml (¼ tasse) de yogourt grec.

Tortilla au beurre d'amande

énergie **229 kcal**   lipides **12 g**   glucides **28 g**   fibres **4 g**   protéines **6 g**   sodium **272 mg**

1 portion

1	tortilla moyenne de blé entier
15 ml	(**1 c. à soupe**) de beurre d'amande
½	pomme, hachée finement

2 portions

2	tortillas moyennes de blé entier
30 ml	(**2 c. à soupe**) de beurre d'amande
1	pomme, hachée finement

PRÉPARATION

- Réchauffer la tortilla quelques secondes au micro-ondes (environ 10 secondes) ou quelques minutes au four.

- Tartiner de beurre d'amande et garnir de tranches de pomme. Enrouler et servir.

······· *Variante 1* ··········
Remplacer le beurre d'amande par du beurre d'arachide et la pomme par une demi-banane.

········· *Variante 2* ··········
Remplacer le beurre d'amande par 30 ml (2 c. à soupe) de ricotta légère et 15 ml (1 c. à soupe) de tartinade de bleuets.

Les
lunchs
à 350 Calories
et moins !

Préparer son lunch permet de sélectionner avec soin ses ingrédients pour en faire un repas nutritif. Je vous propose ici des idées de lunchs rapides à préparer et contrôlés en calories, parfaits pour les midis pressés. Complétez-les avec les légumes de votre choix et terminez avec un dessert santé : vous obtenez un repas complet et délicieux !

Salade aux lentilles

énergie 350 kcal	lipides 16 g	glucides 36 g	fibres 8 g	protéines 15 g	sodium 30 mg

1 portion

60 ml	(¼ tasse) de pommes, coupées en dés
5 ml	(1 c. à thé) de vinaigre de cidre ou de jus de citron
180 ml	(¾ tasse) de lentilles vertes, cuites
½	branche de céleri, en petits dés
30 ml	(2 c. à soupe) de noix de Grenoble
10 ml	(2 c. à thé) d'huile d'olive
	Quelques feuilles de romarin, hachées
Au goût	sel et poivre

2 portions

125 ml	(½ tasse) de pommes, coupées en dés
10 ml	(2 c. à thé) de vinaigre de cidre ou de jus de citron
375 ml	(1 ½ tasse) de lentilles vertes, cuites
1	branche de céleri, en petits dés
60 ml	(¼ tasse) de noix de Grenoble
20 ml	(4 c. à thé) d'huile d'olive
	Quelques feuilles de romarin, hachées
Au goût	sel et poivre

PRÉPARATION

• Arroser les pommes de vinaigre ou de jus de citron et combiner avec le reste des ingrédients. Assaisonner au goût.

Cuisi-truc

Ajouter 5 ml (1 c. à thé) de concentré de jus de pomme surgelé pour rehausser la saveur de la pomme.

Variante 1

Remplacer les noix par 30 g (1 oz) de cheddar allégé coupé en cubes.

Variante 2

Remplacer les lentilles par des pois chiches.

Bon à savoir

Il faudra un peu plus de 60 ml (¼ tasse) de lentilles vertes (de type du Puy) crues pour obtenir 180 ml (¾ tasse) de lentilles cuites. Qu'elles soient cuisinées maison ou en conserve, les lentilles cuites se congèlent bien dans des sacs hermétiques.

Salade d'edamames à l'asiatique

énergie **350 kcal**	lipides **22 g**	glucides **21 g**	fibres **8 g**	protéines **17 g**	sodium **20 mg**

1 portion

10 ml	(2 c. à thé) d'huile de canola
5 ml	(1 c. à thé) d'huile de sésame
5 ml	(1 c. à thé) de vinaigre de riz
2,5 ml	(½ c. à thé) de gingembre, haché
2,5 ml	(½ c. à thé) d'ail, haché
15 ml	(1 c. à soupe) de coriandre fraîche, ciselée
15 ml	(1 c. à soupe) de menthe fraîche, ciselée
180 ml	(¾ tasse) de fèves soya (edamames)
80 ml	(⅓ tasse) de fèves germées, crues
1	concombre libanais, coupé en petits dés
Au goût	sel et poivre

2 portions

20 ml	(4 c. à thé) d'huile de canola
10 ml	(2 c. à thé) d'huile de sésame
10 ml	(2 c. à thé) de vinaigre de riz
5 ml	(1 c. à thé) de gingembre, haché
5 ml	(1 c. à thé) d'ail, haché
30 ml	(2 c. à soupe) de coriandre fraîche, ciselée
30 ml	(2 c. à soupe) de menthe fraîche, ciselée
375 ml	(1 ½ tasse) de fèves soya (edamames)
160 ml	(⅔ tasse) de fèves germées, crues
2	concombres libanais, coupés en petits dés
Au goût	sel et poivre

PRÉPARATION

- Dans un bol, mélanger les 7 premiers ingrédients.

- Blanchir les fèves de soya 3 minutes dans une casserole d'eau bouillante. Rafraîchir à l'eau froide si désiré et égoutter.

- Combiner tous les ingrédients avec la vinaigrette. Assaisonner au goût.

Note : Cette salade se mange tiède ou froide.

•••••••••• *Variante 1* ••••••••••

Garnir la salade de 15 ml (1 c. à soupe) de fèves de soya rôties ou de noix d'acajou.

•••••••••• *Variante 2* ••••••••••

Servir la salade sur des nouilles de riz.

•••••••• *Le saviez-vous ?* ••••••••

Les fèves de soya fraîches représentent une source concentrée de phytoestrogènes, un atout pour les femmes.

Cuisi-truc

Comme un chef : une fois les edamames blanchis, les plonger dans un bol d'eau froide et les remuer délicatement avec les doigts pour décoller la peau des fèves. La plupart des peaux remonteront à la surface et il ne restera qu'à les retirer. On peut également les enlever en pinçant une extrémité des fèves entre le pouce et l'index.

Salade d'endives au jambon

énergie 313 kcal	lipides 25 g	glucides 4 g	fibres 2 g	protéines 18 g	sodium 997 mg

1 portion

250 ml	**(1 tasse)** d'endives, coupées grossièrement
50 g	**(1 ¾ oz)** de jambon, en cubes
30 g	**(1 oz)** de fromage cheddar allégé, en cubes
15 ml	**(1 c. à soupe)** d'huile de canola
5 ml	**(1 c. à thé)** de vinaigre de vin blanc
5 ml	**(1 c. à thé)** de moutarde de Dijon
Au goût	sel et poivre

2 portions

500 ml	**(2 tasses)** d'endives, coupées grossièrement
100 g	**(3 ½ oz)** de jambon, en cubes
60 g	**(2 oz)** de fromage cheddar allégé, en cubes
30 ml	**(2 c. à soupe)** d'huile de canola
10 ml	**(2 c. à thé)** de vinaigre de vin blanc
10 ml	**(2 c. à thé)** de moutarde de Dijon
Au goût	sel et poivre

PRÉPARATION

- Dans un bol, combiner les endives, le jambon et le fromage.

- Préparer la vinaigrette en fouettant l'huile, le vinaigre et la moutarde. Ajouter à la salade et assaisonner au goût.

············ *Variante 1* ············
Remplacer le cheddar par 30 g (1 oz) de fromage bleu.

············ *Variante 2* ············
Ajouter 30 ml (2 c. à soupe) de pacanes grillées hachées grossièrement à la salade.

Salade de couscous au poulet

| énergie 328 kcal | lipides 12 g | glucides 35 g | fibres 1 g | protéines 20 g | sodium 38 mg |

1 portion

180 ml	(¾ tasse) de couscous, cuit
50 g	(1 ¾ oz) de poulet, cuit et coupé en cubes (80 ml/⅓ tasse)
15 ml	(1 c. à soupe) de cerises ou de canneberges séchées, hachées
10 ml	(2 c. à thé) d'huile d'olive
15 ml	(1 c. à soupe) de jus d'orange
Au goût	sel et poivre

2 portions

375 ml	(1 ½ tasse) de couscous, cuit
100 g	(3 ½ oz) de poulet, cuit et coupé en cubes (160 ml/⅔ tasse)
30 ml	(2 c. à soupe) de cerises ou de canneberges séchées, hachées
20 ml	(4 c. à thé) d'huile d'olive
30 ml	(2 c. à soupe) de jus d'orange
Au goût	sel et poivre

PRÉPARATION

• Dans un bol, combiner tous les ingrédients. Assaisonner au goût.

············ *Variante 1* ············

Ajouter de la menthe ciselée (ou encore de la mélisse ou de la verveine citronnelle) et un zeste d'orange.

············ *Variante 2* ············

Remplacer le poulet par 125 ml (½ tasse) de pois chiches.

Cuisi-truc

Pour obtenir 180 ml (¾ tasse) de couscous cuit, il faudra combiner 60 ml (¼ tasse) de semoule de blé (couscous) cru à 60 ml (¼ tasse) d'eau bouillante. Couvrir et laisser reposer 5 minutes. Séparer les grains à la fourchette et laisser refroidir avant d'utiliser.

Salade de couscous de blé entier au tofu et aux raisins rouges

énergie **340 kcal**	lipides **17 g**	glucides **35 g**	fibres **3 g**	protéines **11 g**	sodium **20 mg**

1 portion

75 g	(2 ½ oz) de tofu ferme, en petits cubes
15 ml	(1 c. à soupe) d'huile d'olive
5 ml	(1 c. à thé) de vinaigre balsamique
1 ml	(¼ c. à thé) de curcuma
Au goût	sel et poivre
180 ml	(¾ tasse) de couscous de blé entier, cuit
½	poivron rouge, en petits dés
8	raisins rouges, coupés en deux

2 portions

150 g	(5 oz) de tofu ferme, en petits cubes
30 ml	(2 c. à soupe) d'huile d'olive
10 ml	(2 c. à thé) de vinaigre balsamique
2,5 ml	(½ c. à thé) de curcuma
Au goût	sel et poivre
375 ml	(1 ½ tasse) de couscous de blé entier, cuit
1	poivron rouge, en petits dés
16	raisins rouges, coupés en deux

PRÉPARATION

• Dans un plat hermétique, combiner les cubes de tofu, l'huile, le vinaigre et le curcuma. Assaisonner au goût et laisser mariner 2 heures au réfrigérateur.

• Mélanger les cubes de tofu et leur marinade avec le reste des ingrédients.

Note : En laissant mariner le tofu, il gagnera en saveur… et il sera joliment coloré par le curcuma.

········· *Variante 1* ·········

Remplacer les raisins frais par 15 ml (1 c. à soupe) de raisins secs hachés. On peut aussi les remplacer par des dattes ou des abricots séchés.

········· *Variante 2* ·········

Remplacer le tofu par la même quantité de fromage feta allégé.

Cuisi-truc

Plusieurs herbes fraîches pourraient parfumer cette salade : persil, ciboulette, menthe, coriandre…

Salade de haricots verts au thon

énergie 280 kcal	lipides 15 g	glucides 15 g	fibres 4 g	protéines 22 g	sodium 180 mg

1 portion

250 ml	**(1 tasse)** de haricots verts fins, cuits et égouttés
50 g	**(1 ¾ oz)** de thon émietté en conserve, égoutté
8	tomates cerises, coupées en deux
5 ml	**(1 c. à thé)** de câpres, hachées
15 ml	**(1 c. à soupe)** de basilic frais, déchiqueté grossièrement
10 ml	**(2 c. à thé)** d'huile d'olive
2,5 ml	**(½ c. à thé)** de vinaigre balsamique
Au goût	Sel et poivre
1	œuf dur, en quartiers
Au goût	paprika ou piment d'Espelette (facultatif)

2 portions

500 ml	**(2 tasses)** de haricots verts fins, cuits et égouttés
100 g	**(3 ½ oz)** de thon émietté en conserve, égoutté
16	tomates cerises, coupées en deux
10 ml	**(2 c. à thé)** de câpres, hachées
30 ml	**(2 c. à soupe)** de basilic frais, déchiqueté grossièrement
20 ml	**(4 c. à thé)** d'huile d'olive
5 ml	**(1 c. à thé)** de vinaigre balsamique
Au goût	Sel et poivre
2	œufs durs, en quartiers
Au goût	paprika ou piment d'Espelette (facultatif)

PRÉPARATION

- Dans un bol, combiner les 7 premiers ingrédients. Assaisonner au goût.

- Dresser dans une assiette, décorer des quartiers d'œuf et saupoudrer de paprika ou de piment d'Espelette si désiré.

Variante 1

Remplacer le thon par du saumon rose.

Variante 2

Remplacer les haricots par des choux de Bruxelles cuits et coupés en deux.

Salade de légumineuses

énergie	lipides	glucides	fibres	protéines	sodium
310 kcal	11 g	40 g	8 g	13 g	15 mg

1 portion

125 ml	(½ tasse) de pois chiches, rincés et égouttés
80 ml	(⅓ tasse) de fèves rouges, rincées et égouttées
30 ml	(2 c. à soupe) d'oignon rouge, haché finement
30 ml	(2 c. à soupe) de persil frais, ciselé
10 ml	(2 c. à thé) d'huile d'olive
10 ml	(2 c. à thé) de jus de citron vert
Au goût	sel et poivre

2 portions

250 ml	(1 tasse) de pois chiches, rincés et égouttés
160 ml	(⅔ tasse) de fèves rouges, rincées et égouttées
60 ml	(¼ tasse) d'oignon rouge, haché finement
60 ml	(¼ tasse) de persil frais, ciselé
20 ml	(4 c. à thé) d'huile d'olive
20 ml	(4 c. à thé) de jus de citron vert
Au goût	sel et poivre

PRÉPARATION

• Dans un bol, combiner tous les ingrédients. Assaisonner au goût.

Nutri-note

Tentez d'intégrer les légumineuses au moins une fois par semaine. Riches en éléments nutritifs, elles font partie d'une alimentation équilibrée.

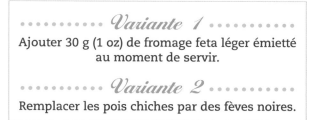

·········· *Variante 1* ··········

Ajouter 30 g (1 oz) de fromage feta léger émietté au moment de servir.

·········· *Variante 2* ··········

Remplacer les pois chiches par des fèves noires.

Salade de mâche et croûton au chèvre

énergie **336 kcal**	lipides **24 g**	glucides **20 g**	fibres **1 g**	protéines **12 g**	sodium **199 mg**

1 portion

1	mince tranche de pain aux noix (30 g/1 oz), grillée
5 ml	(1 c. à thé) de tapenade d'olives noires
45 g	(1 ½ oz) de fromage de chèvre affiné à environ 21 % m. g.
7,5 ml	(½ c. à soupe) d'huile d'olive
2,5 ml	(½ c. à thé) de vinaigre balsamique
125 ml	(½ tasse) de mâche
10 ml	(2 c. à thé) de pacanes grillées, hachées grossièrement

2 portions

2	minces tranches de pain aux noix (2 x 30 g/1 oz), grillées
10 ml	(2 c. à thé) de tapenade d'olives noires
90 g	(3 oz) de fromage de chèvre affiné à environ 21 % m. g.
15 ml	(1 c. à soupe) d'huile d'olive
5 ml	(1 c. à thé) de vinaigre balsamique
250 ml	(1 tasse) de mâche
20 ml	(4 c. à thé) de pacanes grillées, hachées grossièrement

PRÉPARATION

- Préchauffer le gril du four.
- Tartiner le pain grillé de tapenade d'olives noires et garnir de fromage de chèvre émietté.
- Déposer sur une plaque et mettre sous le gril jusqu'à ce que le fromage fonde.
- Préparer la vinaigrette en fouettant l'huile et le vinaigre.
- Combiner la mâche et les pacanes. Arroser de la vinaigrette.
- Déposer dans une assiette et garnir du croûton de chèvre.

Variante 1

Remplacer la tapenade d'olives noires par la même quantité de pesto de tomates séchées.

Variante 2

Ajouter des morceaux de dattes hachées finement à la salade.

Salade de pennes au thon et au pesto

| énergie 340 kcal | lipides 14 g | glucides 32 g | fibres 3 g | protéines 22 g | sodium 500 mg |

1 portion

180 ml	(¾ tasse) de penne, cuits
60 g	(2 oz) de thon pâle émietté, égoutté
5	olives noires, dénoyautées et tranchées
15 ml	(1 c. à soupe) de pesto
30 ml	(2 c. à soupe) de basilic frais, ciselé
Au goût	sel et poivre

2 portions

375 ml	(1 ½ tasse) de penne, cuits
120 g	(4 oz) de thon pâle émietté, égoutté
10	olives noires, dénoyautées et tranchées
30 ml	(2 c. à soupe) de pesto
60 ml	(¼ tasse) de basilic frais, ciselé
Au goût	sel et poivre

PRÉPARATION

- Dans un bol, combiner tous les ingrédients. Assaisonner au goût.

· · · · · · · · · Bon à savoir · · · · · · · · ·

Privilégier le thon conservé dans l'eau ou le bouillon.

· · · · · · · · · Variante 1 · · · · · · · · ·

Remplacer le pesto par une vinaigrette composée de 15 ml (1 c. à soupe) d'huile d'olive et 5 ml (1 c. à thé) de vinaigre balsamique.

· · · · · · · · · Variante 2 · · · · · · · · ·

Ajouter 60 ml (¼ tasse) de cœurs d'artichauts coupés en dés ou encore de dés de poivron rouge.

Salade de poulet aux pacanes

| énergie 320 kcal | lipides 23 g | glucides 12 g | fibres 3 g | protéines 16 g | sodium 55 mg |

1 portion

5 ml	(1 c. à thé) de miel
10 ml	(2 c. à thé) de jus de citron vert
15 ml	(1 c. à soupe) d'huile de canola
250 ml	(1 tasse) de laitues mélangées
50 g	(1 ¾ oz) de poulet, cuit et coupé en cubes
60 ml	(¼ tasse) de carottes, râpées
15 ml	(1 c. à soupe) de pacanes, rôties et concassées
Au goût	sel et poivre

2 portions

10 ml	(2 c. à thé) de miel
20 ml	(4 c. à thé) de jus de citron vert
30 ml	(2 c. à soupe) d'huile de canola
500 ml	(2 tasses) de laitues mélangées
100 g	(3 ½ oz) de poulet, cuit et coupé en cubes
125 ml	(½ tasse) de carottes, râpées
30 ml	(2 c. à soupe) de pacanes, rôties et concassées
Au goût	sel et poivre

PRÉPARATION

- Préparer la vinaigrette en mélangeant d'abord le miel et le jus de citron vert, puis ajouter l'huile.

- Combiner le reste des ingrédients, assaisonner au goût et arroser de vinaigrette.

··········· *Variante 1* ···········

Ajouter 30 ml (2 c. à soupe) de raisins secs à la salade.

··········· *Variante 2* ···········

Remplacer les carottes râpées par du chou-rave râpé.

Salade de riz, de poulet et de pêche

énergie 340 kcal	lipides 12 g	glucides 41 g	fibres 4 g	protéines 16 g	sodium 30 mg

1 portion

180 ml	(¾ tasse) de riz brun, cuit
45 g	(1 ½ oz) de poulet, en cubes
80 ml	(⅓ tasse) de pêche fraîche ou en conserve, sans sucre, en dés
15 ml	(1 c. à soupe) de persil frais, haché
10 ml	(2 c. à thé) d'huile de canola
10 ml	(2 c. à thé) de jus de citron
Au goût	sel et poivre

2 portions

375 ml	(1 ½ tasse) de riz brun, cuit
90 g	(3 oz) de poulet, en cubes
160 ml	(⅔ tasse) de pêche fraîche ou en conserve, sans sucre, en dés
30 ml	(2 c. à soupe) de persil frais, haché
20 ml	(4 c. à thé) d'huile de canola
20 ml	(4 c. à thé) de jus de citron
Au goût	sel et poivre

PRÉPARATION

- Dans un bol, combiner tous les ingrédients. Assaisonner au goût.

.... Variante 1 ....

Remplacer le riz par de l'orge mondé.

.... Variante 2 ....

Remplacer les pêches par la même quantité d'abricots frais ou 30 ml (2 c. à soupe) d'abricot séché ou ajouter 60 ml (¼ tasse) de roquette grossièrement hachée.

Cuisi-truc

Plusieurs herbes fraîches pourraient parfumer cette salade : basilic, menthe, coriandre...

Salade de saumon et d'épinards

énergie 320 kcal	lipides 20 g	glucides 11 g	fibres 2 g	protéines 23 g	sodium 210 mg

1 portion

15 ml	(**1 c. à soupe**) de yogourt nature 1 % à 2 % m. g.
15 ml	(**1 c. à soupe**) de mayonnaise légère
5 ml	(**1 c. à thé**) de jus de citron
15 ml	(**1 c. à soupe**) de feuilles d'aneth frais, hachées
Au goût	sel et poivre
125 ml	(**½ tasse**) de jeunes pousses d'épinards
¼	de pomme, en dés
½	branche de céleri, en dés
90 g	(**3 oz**) de saumon, cuit et coupé en cubes
10 ml	(**2 c. à thé**) d'amandes en bâtonnets, grillées

2 portions

30 ml	(**2 c. à soupe**) de yogourt nature 1 % à 2 % m. g.
30 ml	(**2 c. à soupe**) de mayonnaise légère
10 ml	(**2 c. à thé**) de jus de citron
30 ml	(**2 c. à soupe**) de feuilles d'aneth frais, hachées
Au goût	sel et poivre
250 ml	(**1 tasse**) de jeunes pousses d'épinards
½	pomme, en dés
1	branche de céleri, en dés
180 g	(**6 oz**) de saumon, cuit et coupé en cubes
20 ml	(**4 c. à thé**) d'amandes en bâtonnets, grillées

PRÉPARATION

- Préparer la vinaigrette en mélangeant le yogourt, la mayonnaise, le jus de citron et l'aneth. Assaisonner au goût.

- Combiner les épinards, la pomme, le céleri et le saumon dans une assiette et arroser de vinaigrette.

- Garnir d'amandes en bâtonnets.

············· *Variante 1* ·············

Remplacer la pomme par la même quantité de poire japonaise.

············· *Variante 2* ·············

Remplacer les épinards par du cresson ou encore du chou râpé.

Cuisi-truc

Les herbes fraîches comme l'aneth peuvent être remplacées par des herbes séchées. Il faudra alors n'utiliser que le tiers de la quantité.

Salade Tex Mex

énergie **350 kcal**	lipides **12 g**	glucides **44 g**	fibres **13 g**	protéines **16 g**	sodium **520 mg**

1 portion

180 ml	(**¾ tasse**) de haricots noirs en conserve, égouttés
60 ml	(**¼ tasse**) de maïs en grains
30 ml	(**2 c. à soupe**) de poivron rouge, haché finement
15 ml	(**1 c. à soupe**) d'oignon rouge, haché finement
10 ml	(**2 c. à thé**) d'huile d'olive
10 ml	(**2 c. à thé**) de jus de citron vert
	Une pincée de piment de Cayenne
Au goût	sel et poivre
30 ml	(**2 c. à soupe**) de fromage cheddar allégé, râpé

2 portions

375 ml	(**1 ½ tasse**) de haricots noirs en conserve, égouttés
125 ml	(**½ tasse**) de maïs en grains
60 ml	(**¼ tasse**) de poivron rouge, haché finement
30 ml	(**2 c. à soupe**) d'oignon rouge, haché finement
20 ml	(**4 c. à thé**) d'huile d'olive
20 ml	(**4 c. à thé**) de jus de citron vert
	Une pincée de piment de Cayenne
Au goût	sel et poivre
60 ml	(**¼ tasse**) de fromage cheddar allégé, râpé

PRÉPARATION

- Dans un bol, combiner les 7 premiers ingrédients. Assaisonner au goût et saupoudrer de fromage râpé au moment de servir.

·········· *Variante 1* ··········

Ajouter des croustilles de pita concassées sur la salade.

·········· *Variante 2* ··········

Servir la salade dans un pita aux grains entiers pour en faire un lunch vraiment santé !

·········· *Le saviez-vous ?* ··········

Pour améliorer l'absorption du fer contenu dans les légumineuses, on les combine à une source de vitamine C. Dans cette recette, haricots noirs et poivron forment un duo gagnant !

Tomate farcie au thon

énergie **230 kcal**	lipides **10 g**	glucides **10 g**	fibres **3 g**	protéines **25 g**	sodium **240 mg**

1 portion

10 ml	**(2 c. à thé)** de mayonnaise légère
10 ml	**(2 c. à thé)** de yogourt nature 1 % à 2 % m. g.
5 ml	**(1 c. à thé)** de câpres, hachées
1	grosse tomate bien mûre ou 2 moyennes
90 g	**(3 oz)** de thon pâle en morceaux, égoutté **(environ 125 ml/½ tasse)**
60 ml	**(¼ tasse)** de céleri, émincé
Au goût	sel et poivre
15 ml	**(1 c. à soupe)** de noix de pin, grillées

2 portions

20 ml	**(4 c. à thé)** de mayonnaise légère
20 ml	**(4 c. à thé)** de yogourt nature 1 % à 2 % m. g.
10 ml	**(2 c. à thé)** de câpres, hachées
2	grosses tomates bien mûres ou 4 moyennes
180 g	**(6 oz)** de thon pâle en morceaux, égoutté **(environ 250 ml/1 tasse)**
125 ml	**(½ tasse)** de céleri, émincé
Au goût	sel et poivre
30 ml	**(2 c. à soupe)** de noix de pin, grillées

PRÉPARATION

- Mélanger la mayonnaise, le yogourt et les câpres. Réserver.

- Couper la tomate au tiers de sa hauteur et conserver le chapeau. À l'aide d'une cuillère, évider l'intérieur et conserver la chair.

- Saler légèrement l'intérieur de la tomate évidée et renverser sur une assiette afin de laisser s'écouler toute l'eau de végétation.

- Épépiner et retirer le jus de la chair de tomate réservée. Hacher grossièrement et combiner avec le thon, le céleri et la vinaigrette. Assaisonner au goût.

- Farcir la tomate et garnir de noix de pin. Déposer le chapeau de tomate sur le dessus.

·········· Variante 1 ··········

Ajouter 5 olives vertes dénoyautées et tranchées à la salade ou un zeste de citron.

·········· Variante 2 ··········

Remplacer la vinaigrette crémeuse par une vinaigrette à base d'huile d'olive et de vinaigre balsamique.

·········· Le saviez-vous ? ··········

La tomate est riche en vitamine C et contient du lycopène, une composante associée à la prévention de certains cancers.

Bagel à la mousse de saumon

| énergie 286 kcal | lipides 9 g | glucides 31 g | fibres 4 g | protéines 21 g | sodium 310 mg |

1 portion

60 g	(2 oz) de saumon en conserve, égoutté
30 ml	(2 c. à soupe) de ricotta allégée
Au goût	sel et poivre
60 ml	(¼ tasse) de concombre libanais, coupé en petits dés
½	bagel de blé entier (45 g)
2	rondelles d'oignon rouge

2 portions

120 g	(4 oz) de saumon en conserve, égoutté
60 ml	(¼ tasse) de ricotta allégée
Au goût	sel et poivre
125 ml	(½ tasse) de concombre libanais, coupé en petits dés
1	bagel de blé entier (90 g)
4	rondelles d'oignon rouge

PRÉPARATION

- Dans un bol, combiner le saumon et la ricotta. Assaisonner au goût. Ajouter le concombre et mélanger délicatement.

- Couper le bagel en 2 dans le sens de l'épaisseur. Étendre la mousse de saumon sur la moitié du bagel. Garnir de rondelles d'oignon.

········· *Variante 1* ·········

Remplacer le saumon par du thon en conserve et/ou remplacer la ricotta par du fromage à la crème léger.

········· *Variante 2* ·········

Ajouter un zeste de citron ou de l'aneth frais.

········· *Le saviez-vous ?* ·········

Le saumon compte parmi les poissons les plus riches en oméga-3. Ces derniers contribuent à une bonne santé cardiovasculaire tout en ayant des propriétés anti-inflammatoires.

Pita aux pommes, aux poires et à la dinde fumée

énergie 277 kcal	lipides 6 g	glucides 40 g	fibres 6 g	protéines 18 g	sodium 815 mg

1 portion

60 ml	(¼ tasse) de pomme râpée, avec la pelure
60 ml	(¼ tasse) de poire râpée, avec la pelure
30 ml	(2 c. à soupe) de crème sure légère
Au goût	sel et poivre
1	pain pita moyen de blé entier de **18 cm (7 po)**, soit environ **60 g (2 oz)**
3	tranches de dinde fumée sans gras (environ **50 g/1 ¾ oz**) Quelques feuilles de romarin, hachées

2 portions

125 ml	(½ tasse) de pomme râpée, avec la pelure
125 ml	(½ tasse) de poire râpée, avec la pelure
60 ml	(¼ tasse) de crème sure légère
Au goût	sel et poivre
2	pains pitas de blé entier de **18 cm (7 po)**, soit environ **60 g (2 oz)**
6	tranches de dinde fumée sans gras (environ **100 g/3 ½ oz**) Quelques feuilles de romarin, hachées

PRÉPARATION

• Dans un bol, combiner la pomme, la poire et la crème sure. Assaisonner au goût.

• Couper le pita en deux et garnir chaque moitié de dinde fumée et de garniture aux fruits. Aromatiser de romarin.

Cuisi-truc

Si vous préparez ce sandwich à l'avance, prenez soin d'ajouter quelques gouttes de jus de citron aux fruits râpés avant d'ajouter la crème sure afin d'empêcher l'oxydation.

Variante 1

Remplacer les fruits par 125 ml (½ tasse) de céleri-rave râpé.

Variante 2

Utiliser 60 ml (¼ tasse) de pomme verte et 60 ml (¼ tasse) de pomme rouge pour garnir le pita.

Variante 3

Remplacer le romarin par du thym citron ou de la mélisse.

Rouleaux de printemps au canard

énergie **350 kcal**   lipides **6 g**   glucides **59 g**   fibres **4 g**   protéines **16 g**   sodium **270 mg**

1 portion

60 ml	**(¼ tasse)** de vermicelles de riz cuits (environ 45 g/1 ½ oz)
2,5 ml	**(½ c. à thé)** d'huile de sésame
15 ml	**(1 c. à soupe)** de coriandre fraîche, ciselée
Au goût	sel et poivre
2	feuilles de riz **de 22 cm (8 ½ po)**
60 g	**(2 oz)** de canard confit, effiloché
1	petite carotte, en julienne
¼	concombre, en julienne
¼	mangue, en julienne
2	feuilles de laitue

PRÉPARATION

- Mélanger les vermicelles de riz avec l'huile, la coriandre, du sel et du poivre.

- Tremper une feuille de riz dans un bol d'eau chaude quelques secondes puis la déposer sur un linge de cuisine humide : elle s'assouplira le temps de la garnir.

- Déposer la moitié des ingrédients, dont les vermicelles de riz, de manière rectiligne à un tiers de distance d'une extrémité de la feuille de riz, en laissant 2,5 cm (1 po) de chaque côté. Rabattre les côtés puis rouler assez serré. Répéter l'opération avec la deuxième feuille de riz. Couper en deux à l'aide d'un couteau bien tranchant. Si désiré, servir avec la sauce d'accompagnement.

2 portions

125 ml	**(½ tasse)** de vermicelles de riz cuits (environ 90 g/3 oz)
5 ml	**(1 c. à thé)** d'huile de sésame
30 ml	**(2 c. à soupe)** de coriandre fraîche, ciselée
Au goût	sel et poivre
4	feuilles de riz **de 22 cm (8 ½ po)**
120 g	**(4 oz)** de canard confit, effiloché
2	petites carottes, en julienne
½	concombre, en julienne
½	mangue, en julienne
4	feuilles de laitue

Sauce miel et sésame (1 portion)

15 ml	**(1 c. à soupe)** de sauce soya
10 ml	**(2 c. à thé)** d'huile de canola
5 ml	**(1 c. à thé)** d'huile de sésame
5 ml	**(1 c. à thé)** de jus de citron vert
5 ml	**(1 c. à thé)** de miel
1 ml	**(¼ c. à thé)** de sambal œlek

PRÉPARATION

- Dans un petit bol, combiner tous les ingrédients. Servir en accompagnement des rouleaux.

Note : On peut également utiliser la sauce d'accompagnement des rouleaux de printemps au tofu (voir à la page 77).

············· *Variante 1* ·············

Remplacer le canard par du porc effiloché et/ou la laitue par des pousses de pois mange-tout ou de tournesol.

············· *Variante 2* ·············

Remplacer la sauce par un chutney de mangues épicé.

Rouleaux de printemps au tofu

| énergie **320 kcal** | lipides **16 g** | glucides **33 g** | fibres **2 g** | protéines **12 g** | sodium **740 mg** |

1 portion

15 ml	(1 c. à soupe) de sauce soya légère
5 ml	(1 c. à thé) d'huile de sésame
5 ml	(1 c. à thé) d'huile de canola
2,5 ml	(½ c. à thé) de gingembre, haché
1	gousse d'ail, écrasée
75 g	(2 ½ oz) de tofu ferme, coupé en lanières
2	feuilles de riz de 22 cm (8 ½ po)
60 ml	(¼ tasse) de carottes, râpées
60 ml	(¼ tasse) de concombre, finement tranché sur la longueur
2	feuilles de menthe, grossièrement déchiquetées
10 ml	(2 c. à thé) d'arachides, concassées

PRÉPARATION

- Dans un bol, mélanger les 5 premiers ingrédients et y faire mariner les lanières de tofu au moins 15 minutes. Égoutter.

- Tremper une feuille de riz dans un bol d'eau chaude quelques secondes puis la déposer sur un linge de cuisine humide : elle s'assouplira le temps de la garnir.

- Déposer la moitié du tofu, des carottes, des concombres, de la menthe et des arachides de manière rectiligne à un tiers de distance d'une extrémité de la feuille de riz, en laissant 2,5 cm (1 po) de chaque côté. Rabattre les côtés puis rouler assez serré. Répéter l'opération avec la deuxième feuille de riz. Couper en deux à l'aide d'un couteau bien tranchant, si désiré.

2 portions

30 ml	(2 c. à soupe) de sauce soya légère
10 ml	(2 c. à thé) d'huile de sésame
10 ml	(2 c. à thé) d'huile de canola
5 ml	(1 c. à thé) de gingembre, haché
2	gousses d'ail, écrasées
150 g	(5 oz) de tofu ferme, coupé en lanières
4	feuilles de riz de 22 cm (8 ½ po)
125 ml	(½ tasse) de carottes, râpées
125 ml	(½ tasse) de concombre, finement tranché sur la longueur
4	feuilles de menthe, grossièrement déchiquetées
20 ml	(4 c. à thé) d'arachides, concassées

Sauce d'accompagnement (1 portion)

20 ml	(4 c. à thé) de sauce Hoisin
10 ml	(2 c. à thé) d'eau
5 ml	(1 c. à thé) de vinaigre de riz
7,5 ml	(½ c. à soupe) d'oignon vert, haché
	Une pincée de poudre de chili

- Dans un petit bol, combiner tous les ingrédients. Servir en accompagnement des rouleaux.

> ···· **Variante 1** ····
> Remplacer le tofu par la même quantité de crevettes cuites.
>
> ···· **Variante 2** ····
> Accompagner les rouleaux d'une sauce asiatique.

Sandwich à saveur indienne

énergie 320 kcal	lipides 4 g	glucides 42 g	fibres 4 g	protéines 28 g	sodium 470 mg

1 portion

30 ml	(2 c. à soupe) de yogourt grec nature 0 % m. g.
15 ml	(1 c. à soupe) d'oignon, haché finement
½	gousse d'ail, hachée
1 ml	(¼ c. à thé) de gingembre frais, râpé, ou une pincée de gingembre en poudre
1 ml	(¼ c. à thé) de cumin
60 g	(2 oz) de poulet, cuit et coupé en petits cubes
½	concombre libanais, en petits dés, soit environ 60 ml (¼ tasse)
Au goût	sel et poivre
1	pain ciabatta aux grains entiers de 10 cm x 10 cm (4 po x 4 po)

2 portions

60 ml	(¼ tasse) de yogourt grec nature 0 % m. g.
30 ml	(2 c. à soupe) d'oignon, haché finement
1	gousse d'ail, hachée
2,5 ml	(½ c. à thé) de gingembre frais, râpé, ou une pincée de gingembre en poudre
2,5 ml	(½ c. à thé) de cumin
120 g	(4 oz) de poulet, cuit et coupé en petits cubes
1	concombre libanais, en petits dés, soit environ 125 ml (½ tasse)
Au goût	sel et poivre
2	pains ciabatta aux grains entiers de 10 cm x 10 cm (4 po x 4 po)

PRÉPARATION

- Dans un bol, combiner le yogourt, l'oignon, l'ail, le gingembre et le cumin. Ajouter le poulet et le concombre. Assaisonner au goût.

- Couper le ciabatta en deux sur l'épaisseur. Étendre la garniture sur une tranche de ciabatta et recouvrir de la seconde tranche.

········· *Variante 1* ·········

Remplacer le concombre par des cubes de mangue.

········· *Variante 2* ·········

Ajouter 15 ml (1 c. à soupe) de coriandre fraîche au mélange de yogourt et/ou quelques gouttes de jus de citron frais.

Cuisi-truc

N'ajouter le concombre qu'au moment de servir, car il rejettera de l'eau ; par contre, en retirant le centre du concombre (les graines) avant de le couper en dés, il en rejettera moins.

Pour un lunch à consommer plus tard, conserver la garniture du sandwich à part jusqu'au moment de servir.

Sandwich au poulet, au poivron grillé et au pesto

| énergie **286 kcal** | lipides **10 g** | glucides **28 g** | fibres **8 g** | protéines **23 g** | sodium **758 mg** |

1 portion

15 ml	(1 c. à soupe) de pesto
2	tranches de pain 100 % grains entiers, sans gras et sans sucre ajouté
60 g	(2 oz) de poulet, cuit et émincé
½	poivron rouge grillé, sans peau, en lanières
	Quelques feuilles de roquette

2 portions

30 ml	(2 c. à soupe) de pesto
4	tranches de pain 100 % grains entiers, sans gras et sans sucre ajouté
120 g	(4 oz) de poulet, cuit et émincé
1	poivron rouge grillé, sans peau, en lanières
	Quelques feuilles de roquette

PRÉPARATION

• Tartiner le pesto sur les tranches de pain puis ajouter le poulet, le poivron et la roquette.

• Refermer et déguster.

.... *Variante 1* ....

Ajouter une tranche de fromage suisse léger au sandwich.

.... *Variante 2* ....

Remplacer le pesto par du hoummos.

Cuisi-truc

Griller le demi-poivron évidé sur la grille du barbecue ou à la poêle jusqu'à ce que la peau soit légèrement noircie et boursouflée. Déposer le poivron dans un sac de papier ou un contenant hermétique pendant une dizaine de minutes; la peau du poivron sera ainsi facile à retirer. On trouve aussi le poivron grillé en pot dans la section des marinades au supermarché.

Sandwich au thon et aux artichauts

énergie **300 kcal**   lipides **5 g**   glucides **37 g**   fibres **4 g**   protéines **27 g**   sodium **329 mg**

1 portion

30 ml	(2 c. à soupe) de yogourt grec 0 % m. g.
5 ml	(1 c. à thé) de moutarde de Dijon
60 g	(2 oz) de thon émietté en conserve, égoutté
2	artichauts en conserve, rincés, égouttés et coupés en petits dés
Au goût	sel et poivre
2	tranches de pain aux olives
	Quelques feuilles d'épinards

2 portions

60 ml	(¼ tasse) de yogourt grec 0 % m. g.
10 ml	(2 c. à thé) de moutarde de Dijon
120 g	(4 oz) de thon émietté en conserve, égoutté
4	artichauts en conserve, rincés, égouttés et coupés en petits dés
Au goût	sel et poivre
4	tranches de pain aux olives
	Quelques feuilles d'épinards

PRÉPARATION

• Dans un bol, fouetter le yogourt avec la moutarde et y ajouter le thon et les artichauts. Assaisonner au goût.

• Étendre la garniture sur une tranche de pain et y déposer des feuilles d'épinards. Recouvrir de la seconde tranche de pain.

Cuisi-truc

Il est important de bien égoutter et/ou éponger les dés d'artichauts afin que la garniture se tienne bien.

······· *Variante 1* ·······

Ajouter 5 ml (1 c. à thé) de câpres à la préparation.

······· *Variante 2* ·······

Ajouter 2,5 ml (½ c. à thé) de poivre vert en saumure, écrasé et finement haché, au mélange yogourt-moutarde.

······· *Le saviez-vous ?* ·······

Le thon pâle en conserve contient moins d'oméga-3 que le thon blanc mais, à son avantage, il est aussi plus faible en mercure.

Sandwich grillé aux pleurotes

énergie **338 kcal**	lipides **10 g**	glucides **44 g**	fibres **14 g**	protéines **27 g**	sodium **277 mg**

1 portion

	Huile en aérosol
½	gousse d'ail, hachée
2	gros pleurotes, en lanières
Au goût	sel et poivre
2	tranches de pain 100 % grains entiers sans gras et sans sucre ajouté
125 ml	**(½ tasse)** de roquette
1	tranche de **30 g (1 oz)** de fromage suisse léger
7,5 ml	**(½ c. à soupe)** de beurre, tempéré

2 portions

	Huile en aérosol
1	gousse d'ail, hachée
4	gros pleurotes, en lanières
Au goût	sel et poivre
4	tranches de pain 100 % grains entiers sans gras et sans sucre ajouté
250 ml	**(1 tasse)** de roquette
2	tranches de **30 g (1 oz)** de fromage suisse léger
15 ml	**(1 c. à soupe)** de beurre, tempéré

PRÉPARATION

- Vaporiser une petite poêle d'huile en aérosol. Faire revenir l'ail et les lanières de pleurotes jusqu'à ce qu'ils soient tendres. Assaisonner au goût.

- Garnir une tranche de pain de pleurotes cuits, ajouter la roquette et le fromage. Refermer le sandwich et beurrer le côté extérieur des deux tranches de pain.

- Chauffer une poêle à feu moyen et, sans ajout de matière grasse, faire griller le sandwich de chaque côté, jusqu'à ce que le pain soit doré et le fromage fondu. Aplatir le sandwich à l'aide d'une spatule pendant la cuisson.

········· *Variante 1* ·········

Remplacer les pleurotes par des poivrons rouges grillés dont la peau a été retirée et les éponger avant de les déposer dans le sandwich.

········· *Variante 2* ·········

Remplacer le pain de grains entiers par un pain aux noix artisanal.

Sandwich ouvert au thon et au pesto

énergie 330 kcal	lipides 16 g	glucides 18 g	fibres 3 g	protéines 28 g	sodium 620 mg

1 portion

60 g	**(2 oz)** de thon, émietté
15 ml	**(1 c. à soupe)** de pesto
3	olives vertes dénoyautées, tranchées
Au goût	sel et poivre
1	tranche de pain de grains entiers, grillée
1	tranche de **30 g (1 oz)** de fromage mozzarella allégé 17 % m. g.

2 portions

120 g	**(4 oz)** de thon, émietté
30 ml	**(2 c. à soupe)** de pesto
6	olives vertes dénoyautées, tranchées
Au goût	sel et poivre
2	tranches de pain de grains entiers, grillées
2	tranches de **30 g (1 oz)** de fromage mozzarella allégé 17 % m. g.

PRÉPARATION

• Préchauffer le gril du four.

• Dans un bol, combiner le thon, le pesto et les olives. Assaisonner au goût.

• Déposer le pain grillé sur une plaque de cuisson et y étendre la garniture en prenant soin de bien couvrir le pourtour. Recouvrir de la tranche de fromage.

• Passer sous le gril, le temps de colorer le fromage.

············ *Variante 1* ············

Remplacer le pesto aux herbes par un pesto de tomates séchées.

············ *Variante 2* ············

Remplacer le thon par du poulet en petits cubes ou haché.

Tortilla à la salade aux œufs et au fenouil

énergie 300 kcal	lipides 18 g	glucides 21 g	fibres 3 g	protéines 16 g	sodium 527 mg

1 portion

2	œufs durs
15 ml	**(1 c. à soupe)** de mayonnaise allégée
15 ml	**(1 c. à soupe)** de yogourt nature 1 % à 2 % m. g.
75 ml	**(⅓ tasse)** de fenouil, haché finement
2,5 ml	**(½ c. à thé)** de ciboulette, ou oignon vert, ciselée
Au goût	sel et poivre
1	tortilla moyenne au blé entier **(18 cm/7 po)**

2 portions

4	œufs durs
30 ml	**(2 c. à soupe)** de mayonnaise allégée
30 ml	**(2 c. à soupe)** de yogourt nature 1 % à 2 % m. g.
125 ml	**(½ tasse)** de fenouil, haché finement
5 ml	**(1 c. à thé)** de ciboulette, ou oignon vert, ciselée
Au goût	sel et poivre
2	tortillas moyennes au blé entier **(18 cm/7 po)**

PRÉPARATION

- À l'aide d'une fourchette, écraser les œufs.
- Dans un bol, combiner les œufs, la mayonnaise, le yogourt, le fenouil et la ciboulette. Assaisonner au goût.
- Garnir la tortilla de salade aux œufs et rouler.

Note : chauffer la tortilla quelques secondes au micro-ondes si désiré.

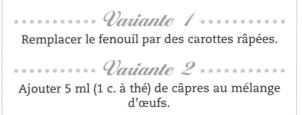

·········· *Variante 1* ··········

Remplacer le fenouil par des carottes râpées.

·········· *Variante 2* ··········

Ajouter 5 ml (1 c. à thé) de câpres au mélange d'œufs.

Tortilla à la tartinade de tofu maison

énergie **198 kcal**	lipides **12 g**	glucides **21 g**	fibres **3 g**	protéines **15 g**	sodium **389 mg**

1 portion

75 g	(2 ½ oz) de tofu ferme
½	branche de céleri, en petits dés
½	oignon vert moyen, ciselé
15 ml	**(1 c. à soupe)** de yogourt nature 1 % à 2 % m. g.
10 ml	**(2 c. à thé)** de mayonnaise légère
1 à 2,5 ml	(¼ à ½ c. à thé) de cari
Au goût	sel et poivre
1	tortilla moyenne au blé entier **(18 cm/7 po)**
Au goût	luzerne

2 portions

150 g	(5 oz) de tofu ferme
1	branche de céleri, en petits dés
1	oignon vert moyen, ciselé
30 ml	**(2 c. à soupe)** de yogourt nature 1 % à 2 % de m. g.
20 ml	**(4 c. à thé)** de mayonnaise légère
2,5 à 5 ml	(½ à 1 c. à thé) de cari
Au goût	sel et poivre
2	tortillas moyennes au blé entier **(18 cm/7 po)**
Au goût	luzerne

PRÉPARATION

- Émietter le tofu à l'aide d'une fourchette ou au robot culinaire.

- Dans un bol, combiner le tofu, le céleri, l'oignon vert, le yogourt, la mayonnaise et le cari. Assaisonner au goût.

- Garnir la tortilla de tartinade de tofu et de luzerne. Rouler.

Nutri-note

Voilà un repas végé qui apporte suffisamment de protéines pour bien vous soutenir !

············ *Variante 1* ············
Ajouter 15 ml (1 c. à soupe) de carottes râpées à la préparation.

············ *Variante 2* ············
Remplacer la tortilla par un pain pita aux grains entiers.

Wrap poulet-canneberges

énergie **273 kcal**	lipides **10 g**	glucides **25 g**	fibres **3 g**	protéines **21 g**	sodium **427 mg**

1 portion

15 ml	**(1 c. à soupe)** de mayonnaise légère
10 ml	**(2 c. à thé)** de yogourt nature 0 % m. g.
60 g	**(2 oz)** de poulet, cuit et coupé en petits cubes
15 ml	**(1 c. à soupe)** de canneberges séchées, hachées
1	oignon vert, ciselé
Au goût	sel et poivre
1	tortilla moyenne au blé entier **(18 cm/7 po)**

2 portions

30 ml	**(2 c. à soupe)** de mayonnaise légère
20 ml	**(4 c. à thé)** de yogourt nature 0 % m. g.
120 g	**(4 oz)** de poulet, cuit et coupé en petits cubes
30 ml	**(2 c. à soupe)** de canneberges séchées, hachées
2	oignons verts, ciselés
Au goût	sel et poivre
2	tortillas moyennes au blé entier **(18 cm/7 po)**

PRÉPARATION

- Dans un bol, fouetter la mayonnaise avec le yogourt et y ajouter le poulet, les canneberges et l'oignon vert. Assaisonner au goût.

- Étendre la garniture sur la moitié de la tortilla et rouler.

Variante 1

Remplacer la tortilla par un bagel aux grains entiers. Choisir un bagel pesant au maximum 60 g (2 oz).

Variante 2

Ajouter 15 ml (1 c. à soupe) de pommes en petits dés à la garniture de poulet et de canneberges.

Soupe aux edamames

énergie **210 kcal**   lipides **8 g**   glucides **22 g**   fibres **7 g**   protéines **13 g**   sodium **200 mg**

2 portions

5 ml	(1 c. à thé) d'huile d'olive
125 ml	(½ tasse) de champignons shiitakes frais ou réhydratés, émincés
1	gousse d'ail, hachée
310 ml	(1 ¼ tasse) d'edamames écossés, surgelés
500 ml	(2 tasses) de bouillon de légumes
5 ml	(1 c. à thé) de sauce soya
5 ml	(1 c. à thé) de gingembre haché
Au goût	sel et poivre
1	oignon vert, ciselé
15 ml	(1 c. à soupe) de coriandre fraîche, ciselée

PRÉPARATION

- Dans une casserole moyenne, chauffer l'huile et y faire revenir les champignons et l'ail quelques minutes.

- Ajouter les edamames et le bouillon. Porter à ébullition et laisser mijoter à feu doux pendant 5 minutes. Ajouter la sauce soya et le gingembre. Assaisonner au goût.

- Servir dans des bols et garnir d'oignon vert et de coriandre.

Variante 1

Remplacer les edamames par des lentilles vertes : allonger alors la cuisson de 25 minutes. Ajouter du bouillon si nécessaire.

Variante 2

Remplacer le bouillon de légumes par un bouillon au miso : remplacer le bouillon par de l'eau ; lorsque la soupe est prête, diluer 15 ml (1 c. à soupe) de miso dans un peu d'eau chaude et verser dans la soupe.

Variante 3

À la fin de la cuisson de la soupe, ajouter un blanc d'œuf en filet et brasser à l'aide d'une fourchette pour obtenir de jolis filaments et, du coup, un apport supérieur en protéines. Puis ajouter 2,5 ml (½ c. à thé) de vinaigre de riz, une goutte de miel et un soupçon de piment (tabasco, sriracha, sambal œlek ou autre) pour obtenir une soupe aigre-piquante.

Cuisi-truc

Si vous utilisez des shiitakes séchés, il faudra les réhydrater dans de l'eau chaude pendant 20 minutes. Pour obtenir 125 ml (½ tasse) de shiitakes réhydratés émincés, il vous faudra environ 4 gros champignons séchés.

Remplacer une partie du bouillon par l'eau de trempage des champignons, filtrée.

Si on n'apprécie pas la texture de la peau des edamames, il est possible de la retirer avant de les ajouter à la soupe. Il suffit de pincer un bout de chacune des fèves entre le pouce et l'index : la peau se détachera alors facilement.

Soupe aux pois chiches et au cari

énergie **240 kcal**	lipides **5 g**	glucides **38 g**	fibres **7 g**	protéines **11 g**	sodium **70 mg**

2 portions

5 ml	**(1 c. à thé)** d'huile d'olive
45 ml	**(3 c. à soupe)** d'oignon, émincé ou haché
60 ml	**(¼ tasse)** de céleri, en petits dés
5 à 10 ml	**(1 à 2 c. à thé)** de cari
500 ml	**(2 tasses)** de bouillon de légumes
310 ml	**(1 ¼ tasse)** de pois chiches, rincés et égouttés
60 ml	**(¼ tasse)** de tomate fraîche, en dés
Au goût	sel et poivre
15 ml	**(1 c. à soupe)** de coriandre fraîche

PRÉPARATION

- Dans une casserole moyenne à feu doux, chauffer l'huile et y faire revenir l'oignon, le céleri et le cari pendant 5 minutes.

- Ajouter le bouillon, les pois chiches et la tomate. Porter à ébullition et laisser mijoter à feu doux de 5 à 10 minutes, jusqu'à ce que le céleri soit cuit. Assaisonner au goût.

- Garnir de coriandre au moment de servir.

··········· *Variante 1* ···········

Ajouter 5 ml (1 c. à thé) de gingembre frais, râpé.

··········· *Variante 2* ···········

Remplacer la moitié du cari par du cumin et la coriandre par de la menthe.

··········· *Variante 3* ···········

Remplacer les pois chiches par des lentilles.

Soupe mexicaine

| énergie **290 kcal** | lipides **3,5 g** | glucides **51 g** | fibres **13 g** | protéines **13 g** | sodium **480 mg** |

2 portions (750 ml/3 tasses de soupe)

5 ml	**(1 c. à thé)** d'huile de canola
45 ml	**(3 c. à soupe)** d'oignon rouge
1 ml	**(¼ c. à thé)** de cumin
1	gousse d'ail
60 ml	**(¼ tasse)** de poivron rouge, en dés
125 ml	**(½ tasse)** de pommes de terre, en dés
500 ml	**(2 tasses)** de bouillon de légumes
Au goût	sel, poivre, tabasco
310 ml	**(1 ¼ tasse)** de haricots noirs en conserve, rincés et égouttés
125 ml	**(½ tasse)** maïs en grains
	Coriandre ou persil frais, haché (facultatif)

PRÉPARATION

- Dans une casserole moyenne, chauffer l'huile et y faire revenir l'oignon jusqu'à légère coloration. Ajouter le cumin, l'ail, le poivron et poursuivre la cuisson 3 minutes.

- Ajouter les pommes de terre et le bouillon. Porter à ébullition et laisser mijoter à feu doux 15 minutes, ou jusqu'à ce que les pommes de terre soient cuites. Assaisonner au goût de sel, de poivre et de tabasco.

- Ajouter les haricots et le maïs et réchauffer. Servir avec de la coriandre ou du persil, si désiré.

Variante 1

Servir la soupe avec des tortillas de maïs et du guacamole.

Variante 2

Remplacer les haricots noirs par des haricots rouges.

Nutri-note

Avec 13 g de protéines et de fibres, cette soupe est particulièrement rassasiante. En prime, chaque portion comble 20 % des besoins en vitamine A et 60 % de ceux en vitamine C.

Soupe thaïlandaise aux crevettes

énergie **216 kcal** lipides **4 g** glucides **29 g** fibres **3 g** protéines **15 g** sodium **221 mg**

2 portions

500 ml	**(2 tasses)** de bouillon de légumes
5 ml	**(1 c. à thé)** de gingembre, râpé
2,5 ml	**(½ c. à thé)** de pâte de cari vert (ou plus au goût)
125 ml	**(½ tasse)** de brocoli, en petits bouquets
125 ml	**(½ tasse)** de chou chinois, émincé
6	crevettes tigrées non cuites, décortiquées (grosseur 21-25)
80 ml	**(⅓ tasse)** de lait de coco allégé
125 ml	**(½ tasse)** de nouilles de riz, cuites (environ 100 g/3 ½ oz)
15 ml	**(1 c. à soupe)** de basilic thaïlandais (ou plus, au goût)
1	citron vert, en quartiers

PRÉPARATION

- Dans une casserole, porter le bouillon de légumes, le gingembre et la pâte de cari vert à ébullition.

- Ajouter le brocoli et le chou chinois et, lorsque l'ébullition reprend, ajouter les crevettes. Poursuivre la cuisson 4 ou 5 minutes.

- Ajouter le lait de coco et les nouilles de riz. Verser dans des bols et servir avec le basilic thaïlandais et les quartiers de citron vert.

·········· *Variante 1* ··········

Remplacer les crevettes par 100 g (3 ½ oz) de tofu ferme coupé en cubes et ajouter à la soupe en même temps que le lait de coco.

·········· *Variante 2* ··········

Ajouter une branche de citronnelle ou des feuilles de lime Kaffir en même temps que le gingembre et le cari. Laisser mijoter à feu doux 5 minutes avant d'ajouter la garniture.

Les **entrées** à 250 Calories et moins !

Personnellement, j'adore les entrées. Voilà pourquoi je vous en propose plusieurs. Vous pouvez combiner deux entrées pour en faire un repas complet ou encore combiner l'entrée à un plat principal pour obtenir un repas à **600 Calories ou moins.** Les entrées à base de légumes sont non seulement nutritives, mais elles permettent aussi d'apaiser notre faim sans fournir un apport énergétique trop important. Une façon astucieuse de varier les saveurs dans votre assiette.

Salade d'asperges au prosciutto croustillant

énergie 140 kcal	lipides 11 g	glucides 4 g	fibres 2 g	protéines 6 g	sodium 290 mg

1 portion

5	asperges vertes, parées
1	tranche **(15 g/½ oz)** de prosciutto, gras retiré
10 ml	**(2 c. à thé)** d'huile d'olive
5 ml	**(1 c. à thé)** de vinaigre balsamique
Au goût	poivre

2 portions

10	asperges vertes, parées
2	tranches **(30 g/1 oz)** de prosciutto, gras retiré
20 ml	**(4 c. à thé)** d'huile d'olive
10 ml	**(2 c. à thé)** de vinaigre balsamique
Au goût	poivre

PRÉPARATION

- Préchauffer le four à 200 °C (400 °F).

- Plonger les asperges dans l'eau bouillante 2 minutes. Rincer à l'eau froide, éponger et disposer sur une assiette.

- Déposer le prosciutto sur une plaque de cuisson et cuire au four environ 10 minutes ou jusqu'à ce qu'il prenne une légère coloration. Laisser refroidir.

- Préparer la vinaigrette en fouettant l'huile et le vinaigre. Arroser les asperges de vinaigrette et poivrer au goût.

- Déchirer le prosciutto en morceaux et déposer sur les asperges.

.... *Variante 1* ....

Remplacer les asperges vertes par des asperges blanches.

.... *Variante 2* ....

Remplacer le prosciutto par une tuile de parmesan.

Cuisi-truc

Il n'est pas nécessaire de saler le plat: le prosciutto est déjà riche en sel.

Salade d'endives et de noix de Grenoble, vinaigrette à l'huile de noix

| énergie 170 kcal | lipides 13 g | glucides 12 g | fibres 5 g | protéines 2 g | sodium 5 mg |

1 portion

10 ml	(2 c. à thé) d'huile de noix
2,5 ml	(½ c. à thé) de vinaigre balsamique
5 ml	(1 c. à thé) de sirop d'érable
3	endives, taillées grossièrement
15 ml	(1 c. à soupe) de noix de Grenoble, concassées grossièrement
Au goût	sel et poivre

2 portions

20 ml	(4 c. à thé) d'huile de noix
5 ml	(1 c. à thé) de vinaigre balsamique
10 ml	(2 c. à thé) de sirop d'érable
6	endives, taillées grossièrement
30 ml	(2 c. à soupe) de noix de Grenoble, concassées grossièrement
Au goût	sel et poivre

PRÉPARATION

- Préparer la vinaigrette en fouettant l'huile, le vinaigre et le sirop d'érable.

- Mélanger les autres ingrédients, assaisonner au goût et arroser de vinaigrette.

.... *Variante 1* ....
Ajouter 30 g (1 oz) de fromage bleu à la salade.

.... *Variante 2* ....
Remplacer l'huile de noix par de l'huile de canola.

.... *Le saviez-vous ?* ....
Les noix de Grenoble sont les noix les plus riches en oméga-3 d'origine végétale : une raison de plus pour en consommer régulièrement.

Salade de betteraves, de fromage de chèvre et de noix de pin

énergie 250 kcal	lipides 19 g	glucides 12 g	fibres 2 g	protéines 8 g	sodium 190 mg

1 portion

1	betterave moyenne (100 g/3 ½ oz), cuite, pelée et tranchée finement
30 g	(1 oz) de fromage de chèvre frais (environ 30 ml/2 c. à soupe), émietté
15 ml	(1 c. à soupe) de noix de pin
10 ml	(2 c. à thé) d'huile de noix ou d'olive
5 ml	(1 c. à thé) de vinaigre balsamique
Au goût	sel et poivre

2 portions

2	betteraves moyennes (200 g/7 oz), cuites, pelées et tranchées finement
60 g	(2 oz) de fromage de chèvre frais (environ 60 ml/4 c. à soupe), émietté
30 ml	(2 c. à soupe) de noix de pin
20 ml	(4 c. à thé) d'huile de noix ou d'olive
10 ml	(2 c. à thé) de vinaigre balsamique
Au goût	sel et poivre

PRÉPARATION

- Déposer les tranches de betteraves en les faisant se chevaucher dans une assiette.

- Garnir de fromage de chèvre et de noix de pin.

- Préparer la vinaigrette en fouettant l'huile et le vinaigre. Arroser la salade de vinaigrette et assaisonner au goût.

Notes : Bien laver les betteraves et retirer les feuilles. Retirer la peau après la cuisson. Trois façons de les cuire :

Au four : Préchauffer à 200 °C (400 °F). Emballer les betteraves dans du papier d'aluminium, déposer sur une plaque de cuisson et cuire environ 60 minutes.

Dans l'eau : Plonger les betteraves dans une casserole d'eau bouillante, laisser mijoter à feu doux 35 à 45 minutes.

À la vapeur : Il faudra compter environ 40 minutes.

·········· *Variante 1* ··········
Utiliser une betterave jaune ou chiogga.

·········· *Variante 2* ··········
Garnir de pistaches au lieu de noix de pin.

Cuisi-truc

Pour les rendre plus savoureuses, rôtir les noix de pin dans une poêle à feu moyen, sans corps gras, en prenant soin de les remuer constamment. Les noix de pin grillées se conservent bien dans un plat hermétique : on peut donc en dorer plus d'une portion à la fois et les réserver pour un usage ultérieur.

Salade de carottes râpées, de raisins secs et de noix de Grenoble

énergie 220 kcal	lipides 12 g	glucides 26 g	fibres 3 g	protéines 2 g	sodium 60 mg

1 portion

180 ml	(¾ tasse) de carottes, râpées
30 ml	(2 c. à soupe) de raisins secs
10 ml	(2 c. à thé) de persil frais, haché
10 ml	(2 c. à thé) d'huile d'olive
5 ml	(1 c. à thé) de vinaigre de cidre
5 ml	(1 c. à thé) de concentré de jus d'orange surgelé
1 ml	(¼ c. à thé) de cumin
Au goût	sel et poivre
15 ml	(1 c. à soupe) de noix de Grenoble, hachées grossièrement

2 portions

375 ml	(1 ½ tasse) de carottes, râpées
60 ml	(¼ tasse) de raisins secs
20 ml	(4 c. à thé) de persil frais, haché
20 ml	(4 c. à thé) d'huile d'olive
10 ml	(2 c. à thé) de vinaigre de cidre
10 ml	(2 c. à thé) de concentré de jus d'orange surgelé
2,5 ml	(½ c. à thé) de cumin
Au goût	sel et poivre
30 ml	(2 c. à soupe) de noix de Grenoble, hachées grossièrement

PRÉPARATION

- Mélanger les carottes, les raisins secs et le persil dans un saladier.

- Préparer la vinaigrette en fouettant l'huile, le vinaigre, le concentré de jus d'orange et le cumin. Arroser la salade de vinaigrette et assaisonner au goût.

- Parsemer de noix de Grenoble.

········· *Variante 1* ·········
Remplacer les raisins secs par des canneberges séchées, le persil par de la ciboulette et les noix de Grenoble par des graines de citrouille.

········· *Variante 2* ·········
Remplacer la moitié des carottes râpées par du chou râpé.

········· *Le saviez-vous ?* ·········
La carotte est riche en bêta-carotène, une vitamine qui contribue à une bonne vision nocturne.

Salade de céleri, de pommes et d'endives

énergie 160 kcal	lipides 9 g	glucides 19 g	fibres 3 g	protéines 1 g	sodium 35 mg

1 portion

250 ml	(1 tasse) d'endives, coupées grossièrement
60 ml	(¼ tasse) de céleri, émincé
½	pomme, émincée
10 ml	(2 c. à thé) d'huile d'olive
5 ml	(1 c. à thé) de jus de citron
5 ml	(1 c. à thé) de miel
Au goût	sel et poivre

2 portions

500 ml	(2 tasses) d'endives, coupées grossièrement
125 ml	(½ tasse) de céleri, émincé
1	pomme, émincée
20 ml	(4 c. à thé) d'huile d'olive
10 ml	(2 c. à thé) de jus de citron
10 ml	(2 c. à thé) de miel
Au goût	sel et poivre

PRÉPARATION

• Mélanger les endives, le céleri et les morceaux de pomme dans un saladier.

• Préparer la vinaigrette en fouettant l'huile, le jus de citron et le miel. Verser sur la salade et assaisonner au goût.

•••••••••• *Variante 1* ••••••••••

Remplacer cette vinaigrette par celle au yogourt (voir la salade de céleri-rave à la page 97).

•••••••••• *Variante 2* ••••••••••

Garnir de 30 g (1 oz) de fromage cheddar fort.

Salade de céleri-rave

énergie 140 kcal	lipides 1 g	glucides 28 g	fibres 5 g	protéines 4 g	sodium 230 mg

1 portion

½	pomme, en bâtonnets
250 ml	**(1 tasse)** de céleri-rave, râpé ou en julienne
	Le jus de ½ citron
15 ml	**(1 c. à soupe)** de yogourt nature 1 % à 2 % m. g.
5 ml	**(1 c. à thé)** de moutarde de Dijon
Au goût	sel et poivre
1	pincée de noix de muscade

2 portions

1	pomme, en bâtonnets
500 ml	**(2 tasses)** de céleri-rave, râpé ou en julienne
	Le jus de **1** citron
30 ml	**(2 c. à soupe)** de yogourt nature 1 % à 2 % m. g.
10 ml	**(2 c. à thé)** de moutarde de Dijon
Au goût	sel et poivre
1 ml	**(¼ c. à thé)** de noix de muscade

PRÉPARATION

- Combiner la pomme et le céleri-rave dans un bol et les arroser du jus de citron.

- Dans un petit bol, mélanger le yogourt et la moutarde. Saler, poivrer et ajouter la muscade.

- Verser la vinaigrette sur la salade.

• • • • • • • • • *Variante 1* • • • • • • • • •

Remplacer la vinaigrette au yogourt par une vinaigrette combinant 10 ml (2 c. à thé) d'huile de canola et 2,5 ml (½ c. à thé) de vinaigre de cidre.

• • • • • • • • • *Variante 2* • • • • • • • • •

Garnir de noix de Grenoble.

Salade de concombres et de menthe fraîche, vinaigrette au yogourt

énergie 80 kcal	lipides 4,5 g	glucides 6 g	fibres 1 g	protéines 3 g	sodium 35 mg

1 portion

15 ml	(1 c. à soupe) de yogourt grec nature 0 % m. g.
5 ml	(1 c. à thé) d'huile d'olive
5 ml	(1 c. à thé) de vinaigre de vin blanc ou de jus de citron
2,5 ml	(½ c. à thé) de moutarde de Dijon
250 ml	(1 tasse) de concombres, finement tranchés
4	feuilles de menthe fraîche, ciselées
Au goût	sel et poivre

2 portions

30 ml	(2 c. à soupe) de yogourt grec nature 0 % m. g.
10 ml	(2 c. à thé) d'huile d'olive
10 ml	(2 c. à thé) de vinaigre de vin blanc ou de jus de citron
5 ml	(1 c. à thé) de moutarde de Dijon
500 ml	(2 tasses) de concombres, finement tranchés
8	feuilles de menthe fraîche, ciselées
Au goût	sel et poivre

PRÉPARATION

- Dans un bol, préparer la vinaigrette en fouettant le yogourt, l'huile, le vinaigre et la moutarde.

- Ajouter les tranches de concombre et la menthe à la vinaigrette et mélanger. Assaisonner au goût.

Variante 1

Remplacer la menthe par 5 ml (1 c. à thé) d'aneth frais.

Variante 2

Ajouter ½ pomme verte tranchée.

Cuisi-truc

Servir la salade immédiatement car l'eau des concombres s'ajoutera à la vinaigrette, lui faisant perdre de la saveur. Pour y remédier, faire dégorger les tranches de concombres : mettre les tranches de concombre dans une passoire, les saupoudrer de 2,5 ml (½ c. à thé) de sel et les laisser dégorger 30 minutes. Rincer et assécher à l'aide d'un essuie-tout avant de les mélanger à la vinaigrette. La salade pourra se conserver au réfrigérateur une journée sans s'altérer.

Salade de courgettes

énergie 110 kcal	lipides 9 g	glucides 4 g	fibres 1 g	protéines 2 g	sodium 40 mg

1 portion

250 ml	(**1 tasse**) de courgettes vertes et jaunes, émincées
15 ml	(**1 c. à soupe**) de ciboulette
10 ml	(**2 c. à thé**) d'huile d'olive
2,5 ml	(**½ c. à thé**) de vinaigre de vin
2,5 ml	(**½ c. à thé**) de moutarde de Dijon
Au goût	sel et poivre

2 portions

500 ml	(**2 tasses**) de courgettes vertes et jaunes, émincées
30 ml	(**2 c. à soupe**) de ciboulette
20 ml	(**4 c. à thé**) d'huile d'olive
5 ml	(**1 c. à thé**) de vinaigre de vin
5 ml	(**1 c. à thé**) de moutarde de Dijon
Au goût	sel et poivre

PRÉPARATION

• Combiner les tranches de courgettes et la ciboulette.

• Préparer la vinaigrette en fouettant l'huile, le vinaigre et la moutarde. Ajouter à la salade et assaisonner au goût.

Cuisi-truc

Utiliser une mandoline pour faire de très fines tranches de courgettes. Au couteau, il sera plus facile et sécuritaire de d'abord couper les courgettes en deux dans le sens de la longueur avant de les émincer.

Pour un look plus actuel, trancher les courgettes en longs rubans.

····· *Variante 1* ·····

Ajouter 30 g (1 oz) de feta légère.

····· *Variante 2* ·····

Parsemer la salade de 15 ml (1 c. à soupe) de persil ou de 5 ml (1 c. à thé) d'origan frais, haché.

Salade de cresson, de copeaux de poires Anjou et de reggiano

énergie 250 kcal	lipides 16 g	glucides 15 g	fibres 3 g	protéines 11 g	sodium 400 mg

1 portion

½	poire Anjou
250 ml	**(1 tasse)** de cresson
30 g	**(1 oz)** de fromage parmigiano reggiano, en copeaux
10 ml	**(2 c. à thé)** d'huile de noix
2,5 ml	**(½ c. à thé)** de vinaigre balsamique

2 portions

1	poire Anjou
500 ml	**(2 tasses)** de cresson
60 g	**(2 oz)** de fromage parmigiano reggiano, en copeaux
20 ml	**(4 c. à thé)** d'huile de noix
5 ml	**(1 c. à thé)** de vinaigre balsamique

PRÉPARATION

- À l'aide d'un économe, prélever de minces tranches de poire.

- Combiner la poire au cresson et garnir de copeaux de reggiano.

- Préparer la vinaigrette en fouettant l'huile et le vinaigre. Arroser la salade de vinaigrette et assaisonner au goût.

Variante 1
Remplacer le cresson par de jeunes pousses d'épinards.

Variante 2
Remplacer la poire par une pêche fraîche entière, émincée.

Salade de fèves germées aux champignons

énergie 160 kcal	lipides 12 g	glucides 12 g	fibres 1 g	protéines 6 g	sodium 300 mg

1 portion

125 ml	(½ tasse) de fèves germées
60 ml	(¼ tasse) de champignons blancs, émincés
125 ml	(½ tasse) de jeunes pousses d'épinards
10 ml	(2 c. à thé) d'huile de canola
5 ml	(1 c. à thé) de sauce soya
5 ml	(1 c. à thé) de miel
5 ml	(1 c. à thé) de jus de citron vert
5 ml	(1 c. à thé) d'ail, haché
Au goût	sel et poivre

2 portions

250 ml	(1 tasse) de fèves germées
125 ml	(½ tasse) de champignons blancs, émincés
250 ml	(1 tasse) de jeunes pousses d'épinards
20 ml	(4 c. à thé) d'huile de canola
10 ml	(2 c. à thé) de sauce soya
10 ml	(2 c. à thé) de miel
10 ml	(2 c. à thé) de jus de citron vert
10 ml	(2 c. à thé) d'ail, haché
Au goût	sel et poivre

PRÉPARATION

- Mélanger les fèves germées, les champignons et les épinards dans un saladier.

- Préparer la vinaigrette en fouettant l'huile, la sauce soya, le miel, le jus de citron vert et l'ail. Arroser la salade de vinaigrette et assaisonner au goût.

········· *Variante 1* ·········
Ajouter un oignon vert émincé.

········· *Variante 2* ·········
Remplacer les champignons par 125 ml (½ tasse) de concombre libanais coupé en julienne.

Cuisi-truc

Pour ajouter une note encore plus asiatique, remplacer le quart de la quantité d'huile de canola par de l'huile de sésame grillé, soit 2,5 ml (½ c. à thé).

Salade de jeunes pousses aux amandes grillées et aux framboises

énergie 170 kcal	lipides 13 g	glucides 11 g	fibres 3 g	protéines 3 g	sodium 25 mg

1 portion

10 ml	(2 c. à thé) d'huile d'amande
2,5 ml	(½ c. à thé) de vinaigre de xérès
5 ml	(1 c. à thé) de sirop d'érable
250 ml	(1 tasse) de jeunes pousses d'épinards
15 ml	(1 c. à soupe) d'amandes en bâtonnets
60 ml	(¼ tasse) de framboises fraîches
Au goût	sel et poivre

2 portions

20 ml	(4 c. à thé) d'huile d'amande
5 ml	(1 c. à thé) de vinaigre de xérès
10 ml	(2 c. à thé) de sirop d'érable
500 ml	(2 tasses) de jeunes pousses d'épinards
30 ml	(2 c. à soupe) d'amandes en bâtonnets
125 ml	(½ tasse) de framboises fraîches
Au goût	sel et poivre

PRÉPARATION

• Préparer la vinaigrette en mélangeant l'huile, le vinaigre et le sirop d'érable.

• Mélanger le reste des ingrédients, assaisonner au goût et arroser de vinaigrette.

········· *Variante 1* ·········

Remplacer l'huile d'amande par de l'huile de noix, de noisette, d'argan ou de canola, et le vinaigre de xérès par du vinaigre de cidre de pomme.

········· *Variante 2* ·········

Remplacer les épinards par de la roquette et les framboises par des fraises tranchées ou des mûres.

Cuisi-truc

Deux façons de griller les amandes :

Préchauffer le four à 180 °C (350 °F). Étaler les amandes sur une plaque de cuisson et dorer environ 5 minutes en prenant soin de les retourner à mi-cuisson.

Les faire colorer dans une poêle à feu moyen, sans ajout de corps gras, en prenant soin de les remuer jusqu'à ce qu'elles colorent.

Les amandes grillées se conservent bien dans un plat hermétique. En griller plus d'une portion à la fois et garder pour un usage ultérieur.

Salade de poire Bosc au bleu

| énergie 250 kcal | lipides 18 g | glucides 14 g | fibres 3 g | protéines 7 g | sodium 420 mg |

1 portion

½	poire Bosc, tranchée finement
125 ml	(½ tasse) de roquette
10 ml	(2 c. à thé) d'huile de noix
2,5 ml	(½ c. à thé) de vinaigre de xérès
Au goût	sel et poivre
30 g	(1 oz) de fromage bleu

2 portions

1	poire Bosc, tranchée finement
250 ml	(1 tasse) de roquette
20 ml	(4 c. à thé) d'huile de noix
5 ml	(1 c. à thé) de vinaigre de xérès
Au goût	sel et poivre
60 g	(2 oz) de fromage bleu

PRÉPARATION

• Dans un bol, combiner la poire et la roquette. Arroser d'huile, de vinaigre, de sel et de poivre.

• Déposer la salade dans une assiette et garnir de fromage bleu.

> *· · · · · · · ·* **Variante 1** *· · · · · · · ·*
>
> Remplacer le fromage bleu par un fromage de brebis à pâte dure et ajouter des noix de Grenoble.
>
> *· · · · · · · ·* **Variante 2** *· · · · · · · ·*
>
> Remplacer la poire par une pomme.

Salade de quinoa, de roquette et d'orange

énergie 240 kcal	lipides 15 g	glucides 23 g	fibres 4 g	protéines 4 g	sodium 5 mg

1 portion

80 ml	(⅓ tasse) de quinoa cuit
	Les suprêmes de ½ orange, coupés en dés
80 ml	(⅓ tasse) de roquette
10 ml	(2 c. à thé) d'huile d'olive
5 ml	(1 c. à thé) de jus de citron
5 ml	(1 c. à thé) de persil frais, haché
6	noisettes grillées, concassées
Au goût	sel et poivre

2 portions

160 ml	(⅔ tasse) de quinoa cuit
	Les suprêmes de 1 orange, coupés en dés
160 ml	(⅔ tasse) de roquette
20 ml	(4 c. à thé) d'huile d'olive
10 ml	(2 c. à thé) de jus de citron
10 ml	(2 c. à thé) de persil frais, haché
12	noisettes grillées, concassées
Au goût	sel et poivre

PRÉPARATION

• Verser le quinoa dans un saladier. Ajouter le reste des ingrédients et mélanger délicatement.

Notes : Voir à la page 108 la façon de prélever les suprêmes.

Pour les noisettes, voir à la page 102 la façon de griller les amandes au four : il faudra ajouter 2 ou 3 minutes pour les noisettes. Il est possible de retirer la peau des noisettes en les frottant à l'intérieur d'un linge propre une fois qu'elles sont grillées. On trouve aussi sur le marché des noisettes sans peau déjà grillées.

········· *Variante 1* ·········

Remplacer les noisettes par la même quantité de canneberges séchées et/ou le persil par de la ciboulette.

········· *Variante 2* ·········

Ajouter 60 g (2 oz) de poulet cuit en cubes pour en faire une salade-repas.

Cuisi-truc

Pourquoi rincer le quinoa ? Afin de retirer toute trace de saponine résiduelle qui confère un goût amer au quinoa. Pour le faire cuire, il suffit d'ajouter deux fois son volume en eau et de le cuire une douzaine de minutes.

Salade fraîcheur de fraises et de bocconcini

énergie 200 kcal	lipides 12 g	glucides 13 g	fibres 4 g	protéines 9 g	sodium 160 mg

1 portion

7,5 ml	**(½ c. à soupe)** d'huile d'olive extra-vierge
2,5 ml	**(½ c. à thé)** de vinaigre balsamique
250 ml	**(1 tasse)** de fraises, coupées en deux
30 g	**(1 oz)** de fromage bocconcini (environ 18 % m. g.), tranché
4	feuilles de menthe fraîche, ciselées
Au goût	sel et poivre

PRÉPARATION

- Préparer la vinaigrette en fouettant l'huile et le vinaigre.

- Mélanger le reste des ingrédients, assaisonner au goût et arroser de vinaigrette.

2 portions

15 ml	**(1 c. à soupe)** d'huile d'olive extra-vierge
5 ml	**(1 c. à thé)** de vinaigre balsamique
500 ml	**(2 tasses)** de fraises, coupées en deux
60 g	**(2 oz)** de fromage bocconcini (environ 18 % m. g.), tranché
8	feuilles de menthe fraîche, ciselées
Au goût	sel et poivre

········· *Variante 1* ·········

Ajouter 125 ml (½ tasse) de jeunes pousses d'épinards.

········· *Variante 2* ·········

Remplacer les feuilles de menthe par du basilic frais.

········· *Le saviez-vous ?* ·········

Les fraises regorgent de vitamine C, si bien que cette salade comble la totalité des besoins pour la journée.

Cuisi-truc

Il faudra 3 unités de bocconcini format cocktail pour obtenir 30 g (1 oz)

Salade grecque au melon d'eau

énergie 210 kcal	lipides 15 g	glucides 14 g	fibres 1 g	protéines 5 g	sodium 340 mg

1 portion

250 ml	(1 tasse) de melon d'eau, coupé en dés
30 g	(1 oz) de feta légère (13 % m. g.), défaite en morceaux
2 à 4	feuilles de menthe fraîche, ciselées
10 ml	(2 c. à thé) d'huile d'olive
5 ml	(1 c. à thé) de vinaigre balsamique
Au goût	poivre

2 portions

500 ml	(2 tasses) de melon d'eau, coupé en dés
60 g	(2 oz) de feta légère (13 % m. g.), défaite en morceaux
4 à 8	feuilles de menthe fraîche, ciselées
20 ml	(4 c. à thé) d'huile d'olive
10 ml	(2 c. à thé) de vinaigre balsamique
Au goût	poivre

PRÉPARATION

- Mélanger le melon, la feta et la menthe dans un saladier.

- Préparer la vinaigrette en fouettant l'huile et le vinaigre. Arroser la salade de vinaigrette et poivrer au goût.

•••••••• Variante 1 ••••••••

Remplacer le melon d'eau par du cantaloup.

•••••••• Variante 2 ••••••••

Remplacer la menthe par du basilic frais.

•••••• Le saviez-vous ? ••••••

Le melon d'eau, à l'instar de la tomate, est une source de lycopène, un caroténoïde associé à la prévention du cancer !

Salade tiède aux choux de Bruxelles et au jambon

énergie 230 kcal lipides 13 g glucides 13 g fibres 6 g protéines 15 g sodium 780 mg

1 portion

250 ml	**(1 tasse)** de choux de Bruxelles Huile en aérosol
50 g	**(1 ¾ oz)** de jambon en cubes, soit environ 80 ml (⅓ tasse)
10 ml	**(2 c. à thé)** d'huile d'olive
2,5 ml	**(½ c. à thé)** de vinaigre balsamique
5 ml	**(1 c. à thé)** de moutarde de Dijon
Au goût	sel et poivre

2 portions

500 ml	**(2 tasses)** de choux de Bruxelles Huile en aérosol
100 g	**(3 ½ oz)** de jambon en cubes, soit environ 160 ml (⅔ tasse)
20 ml	**(4 c. à thé)** d'huile d'olive
5 ml	**(1 c. à thé)** de vinaigre balsamique
10 ml	**(2 c. à thé)** de moutarde de Dijon
Au goût	sel et poivre

PRÉPARATION

- Tailler les choux de Bruxelles en quartiers (en deux ou en quatre selon la grosseur). Les faire sauter à feu moyen de 5 à 7 minutes dans une poêle antiadhésive préalablement vaporisée d'huile en aérosol.

- Déposer dans un saladier et ajouter les cubes de jambon.

- Préparer la vinaigrette en fouettant l'huile, le vinaigre et la moutarde. Arroser la salade de vinaigrette et assaisonner au goût.

> • • • • • • • • • *Variante 1* • • • • • • • • •
>
> Effeuiller les choux de Bruxelles au lieu de les couper en quartiers : il faudra alors les cuire 2 ou 3 minutes.
>
> • • • • • • • • • *Variante 2* • • • • • • • • •
>
> Ajouter des poivrons rouges coupés en dés, crus ou sautés, à la salade.
>
> • • • • • • • • • *Le saviez-vous ?* • • • • • • • • •
>
> Les choux de Bruxelles contiennent des composantes bénéfiques qui contribuent à la prévention de différents types de cancer.

Salade toute rouge

énergie 230 kcal	lipides 9 g	glucides 35 g	fibres 5 g	protéines 3 g	sodium 5 mg

1 portion

	Les suprêmes de 1 pamplemousse rose + 15 ml (1 c. à soupe) de jus
8	minitomates, coupées en deux
30 ml	(2 c. à soupe) d'arilles (graines) de pomme grenade
10 ml	(2 c. à thé) d'huile d'olive
5 ml	(1 c. à thé) de vinaigre balsamique
Au goût	sel et poivre

2 portions

	Les suprêmes de 2 pamplemousses roses + 30 ml (2 c. à soupe) de jus
16	minitomates, coupées en deux
60 ml	(¼ tasse) d'arilles (graines) de pomme grenade
20 ml	(4 c. à thé) d'huile d'olive
10 ml	(2 c. à thé) de vinaigre balsamique
Au goût	sel et poivre

PRÉPARATION

- Mélanger les suprêmes de pamplemousse aux tomates et parsemer des arilles de pomme grenade.

- Préparer la vinaigrette en fouettant l'huile, le vinaigre et le jus de pamplemousse. Arroser la salade de vinaigrette et assaisonner au goût.

Note : Pour obtenir les suprêmes d'un pamplemousse, le peler d'abord à vif en faisant glisser la lame d'un couteau entre la chair et la partie blanche de la peau pour la retirer. Au-dessus d'un bol, et en maintenant le fruit pelé dans la paume de la main, insérer la lame le long de chacune des membranes afin de ne dégager que les quartiers de chair. Presser ensuite ce qui reste du pamplemousse pour en retirer le jus, qui pourra servir à la vinaigrette.

······· Variante 1 ·······
Ajouter des oignons rouges finement tranchés.

······· Variante 2 ·······
Ajouter du persil plat ou de la coriandre fraîche.

Potage d'automne

énergie **120 kcal**	lipides **4 g**	glucides **18 g**	fibres **4 g**	protéines **2 g**	sodium **40 mg**

4 portions

15 ml	(**1 c. à soupe**) d'huile d'olive
½	oignon jaune, émincé
15 ml	(**1 c. à soupe**) de gingembre, haché finement
10 ml	(**2 c. à thé**) de poudre de cari doux
625 ml	(**2 ½ tasses**) de chair d'une petite courge musquée (butternut), en dés
2	pommes, pelées, épépinées et coupées en dés
750 ml	(**3 tasses**) de bouillon de légumes
Au goût	sel et poivre
30 ml	(**2 c. à soupe**) de coriandre fraîche

PRÉPARATION

- Chauffer l'huile dans une grande casserole et y faire revenir l'oignon jusqu'à légère coloration. Ajouter les épices, la courge et les pommes, et poursuivre la cuisson 1 minute.

- Verser le bouillon et laisser mijoter à feu doux 30 minutes.

- Passer le potage au mélangeur jusqu'à l'obtention d'une consistance lisse. Assaisonner au goût et bien mélanger.

- Garnir de coriandre.

• • • • • • • • *Variante 1* • • • • • • • • •

Ajouter 60 ml (¼ tasse) de lait après avoir passé la soupe au mélangeur pour la rendre plus onctueuse.

• • • • • • • • *Variante 2* • • • • • • • • •

Remplacer la courge butternut par une courge poivrée et décorer le potage d'un filet de crème sure allégée ou d'amandes tranchées grillées.

• • • • • • • *Le saviez-vous ?* • • • • • • • •

Cette recette comble 15 % des besoins en vitamine A et 35 % de ceux en vitamine C.

Potage froid aux carottes et au cumin

énergie 100 kcal	lipides 4 g	glucides 14 g	fibres 3 g	protéines 3 g	sodium 115 mg

4 portions

15 ml	(1 c. à soupe) d'huile d'olive
½	oignon émincé
10 ml	(2 c. à thé) de graines de cumin écrasées ou de cumin moulu
625 ml	(2 ½ tasses) de carottes, pelées et coupées en tronçons
2	branches de céleri, émincées
750 ml	(3 tasses) de bouillon de légumes
Au goût	sel et poivre
60 ml	(¼ tasse) de yogourt grec nature 0 % m. g.

PRÉPARATION

- Chauffer l'huile dans une grande casserole et y faire revenir l'oignon jusqu'à légère coloration. Ajouter le cumin, les carottes et le céleri, et poursuivre la cuisson 1 minute.

- Verser le bouillon, porter à ébullition et laisser mijoter à feu doux 30 minutes.

- Passer le potage au mélangeur jusqu'à l'obtention d'une consistance lisse. Assaisonner au goût et bien mélanger. Réfrigérer.

- Servir le potage nappé de yogourt: 15 ml (1 c. à soupe) par portion.

·········· *Variante 1* ··········

Déguster le potage chaud et garnir de 15 ml (1 c. à soupe) d'amandes grillées.

·········· *Variante 2* ··········

Remplacer le cumin par 30 ml (2 c. à soupe) de gingembre finement haché.

Nutri-note

Une soupe très vitaminée qui comble 100 % des besoins en vitamine A !

Potage printanier

énergie **120 kcal**   lipides **3,5 g**   glucides **17 g**   fibres **4 g**   protéines **5 g**   sodium **60 mg**

4 portions

15 ml	**(1 c. à soupe)** d'huile d'olive
½	oignon blanc, émincé
	Une botte d'asperges vertes, parées et coupées en tronçons
1	pomme de terre moyenne, émincée
1 litre	**(4 tasses)** de bouillon de légumes
20 ml	**(4 c. à thé)** d'estragon frais ou **5 ml (1 c. à thé)** d'estragon séché
60 ml	**(¼ tasse)** de lait 1 % m. g.
Au goût	sel et poivre

PRÉPARATION

- Chauffer l'huile dans une grande casserole et y faire revenir l'oignon jusqu'à légère coloration. Ajouter les asperges et la pomme de terre. Poursuivre la cuisson 1 minute.

- Verser le bouillon et laisser mijoter à feu doux 15 minutes ou jusqu'à ce que les asperges soient tendres.

- Passer le potage au mélangeur jusqu'à l'obtention d'une consistance lisse. Ajouter l'estragon et le lait, assaisonner au goût et bien mélanger.

········· *Variante 1* ·········

Déguster cette soupe froide, garnie d'un filet de crème sure allégée.

········· *Variante 2* ·········

Garnir de ½ tranche de prosciutto croustillant par portion. Voir la méthode page 92.

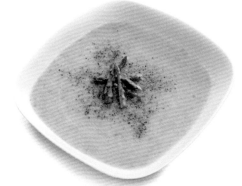

Soupe aux légumes d'été

énergie **100 kcal**   lipides **4 g**   glucides **13 g**   fibres **4 g**   protéines **2 g**   sodium **50 mg**

4 portions

15 ml	**(1 c. à soupe)** d'huile d'olive
180 ml	**(¾ tasse)** de poireau, émincé
250 ml	**(1 tasse)** de courgette verte, en dés
375 ml	**(1 ½ tasse)** d'aubergine italienne, en dés
750 ml	**(3 tasses)** de bouillon de légumes
3	tomates de champ, en gros dés
Au goût	sel et poivre
30 ml	**(2 c. à soupe)** de basilic, ciselé

PRÉPARATION

- Chauffer l'huile dans une grande casserole à feu doux et y faire revenir le poireau pendant 3 ou 4 minutes. Ajouter les dés de courgette et d'aubergine et poursuivre la cuisson 1 minute.

- Mouiller avec le bouillon, porter à ébullition et laisser mijoter à feu doux jusqu'à ce que les légumes soient tendres, environ 15 minutes.

- Ajouter les tomates et poursuivre la cuisson 5 minutes. Assaisonner au goût.

- Parsemer de basilic frais et servir.

········· *Variante 1* ·········

Remplacer le poireau par ½ oignon espagnol tranché.

········· *Variante 2* ·········

Ajouter une boîte de pois chiches rincés et égouttés, en même temps que les tomates, pour en faire une soupe-repas.

Soupe aux légumes d'hiver

énergie **120 kcal** lipides **3,5 g** glucides **19 g** fibres **3 g** protéines **2 g** sodium **100 mg**

4 portions

15 ml	**(1 c. à soupe)** d'huile d'olive
½	oignon jaune, émincé
1	pomme de terre moyenne, épluchée et coupée en dés
4	carottes moyennes, en dés
750 ml	**(3 tasses)** de bouillon de légumes
60 ml	**(¼ tasse)** de lait 1 % m. g.
Au goût	sel et poivre
30 ml	**(2 c. à soupe)** de persil

PRÉPARATION

• Chauffer l'huile dans une grande casserole et y faire revenir l'oignon jusqu'à légère coloration. Ajouter la pomme de terre et les carottes et poursuivre la cuisson 1 minute.

• Verser le bouillon et laisser mijoter à feu doux 30 minutes ou jusqu'à ce que les légumes soient tendres.

• Passer le potage au mélangeur jusqu'à l'obtention d'une consistance lisse. Ajouter le lait, assaisonner au goût et bien mélanger.

• Garnir de persil et servir.

Cuisi-truc

Pour une saveur plus surprenante, ajouter une pincée de graines de coriandre écrasées ou de gingembre râpé en même temps que les légumes.

·········· *Variante 1* ··········
Remplacer la moitié des carottes par des panais.

·········· *Variante 2* ··········
Remplacer la pomme de terre par une petite patate douce.

Coupe de ricotta légère aux tomates confites

énergie 210 kcal	lipides 15 g	glucides 13 g	fibres 2 g	protéines 5 g	sodium 50 mg

1 portion

250 ml	(1 tasse) de minitomates coupées en deux
15 ml	(1 c. à soupe) d'huile d'olive
1	gousse d'ail, hachée
5 ml	(1 c. à thé) de sucre
Au goût	sel et poivre
30 ml	(2 c. à soupe) de ricotta légère (4 % m. g.)
1	feuille de basilic

2 portions

500 ml	(2 tasses) de minitomates coupées en deux
30 ml	(2 c. à soupe) d'huile d'olive
2	gousses d'ail, hachées
10 ml	(2 c. à thé) de sucre
Au goût	sel et poivre
60 ml	(¼ tasse) de ricotta légère (4 % m. g.)
2	feuilles de basilic

PRÉPARATION

- Préchauffer le four à 215 °C (425 °F).

- Dans un bol, combiner les tomates, l'huile d'olive, l'ail et le sucre. Saler, poivrer et déposer sur une plaque de cuisson tapissée de papier parchemin.

- Cuire au four pendant une dizaine de minutes.

- Déposer les tomates dans une verrine de service et garnir de ricotta et d'une feuille de basilic.

Bon à savoir

Après la cuisson, on obtient environ 125 ml (½ tasse) de tomates confites.

Variante 1

Remplacer la ricotta par 20 g (⅔ oz) de bocconcini tranché (2 de format cocktail) et combiner aux tomates.

Variante 2

Remplacer le basilic par du romarin ou de la ciboulette.

Gaspacho

énergie 120 kcal	lipides 4 g	glucides 17 g	fibres 4 g	protéines 3 g	sodium 65 mg

4 portions

6	tomates, coupées grossièrement
1	poivron jaune, coupé grossièrement
1	poivron rouge, coupé grossièrement
2	gousses d'ail, émincées
250 ml	**(1 tasse)** de jus de légumes
15 ml	**(1 c. à soupe)** d'huile d'olive
	Le jus de **1** citron
Au goût	sel, poivre et piment d'Espelette
½	concombre libanais, en petits dés
15 ml	**(1 c. à soupe)** de basilic, ciselé

PRÉPARATION

- Broyer les tomates, les poivrons et l'ail au robot culinaire. Tout en pulsant, verser le jus de légumes, l'huile d'olive et le jus de citron en filet par l'ouverture du couvercle. Assaisonner de sel, de poivre et de piment d'Espelette, au goût.

- Verser dans des verres à cocktail, garnir de concombre et de basilic.

> •••••••• *Variante 1* ••••••••
> Ajouter 1 ½ concombre libanais et le passer au robot culinaire en même temps que les autres légumes.
>
> •••••••• *Variante 2* ••••••••
> Remplacer le basilic par des feuilles de menthe fraîche.

Nutri-note

Voilà un vrai cocktail de vitamine C comblant la totalité des besoins en une seule portion !

Petite verrine nordique

énergie 220 kcal	lipides 17 g	glucides 8 g	fibres 4 g	protéines 8 g	sodium 55 mg

1 portion

10 ml	(2 c. à thé) d'huile d'olive
5 ml	(1 c. à thé) de jus de citron
¼	avocat, coupé en dés
5	minitomates, coupées en quartiers
15 ml	(1 c. à soupe) de coriandre, hachée grossièrement + 1 feuille pour garnir
Au goût	sel et poivre
30 g	(1 oz) de crevettes nordiques

2 portions

20 ml	(4 c. à thé) d'huile d'olive
10 ml	(2 c. à thé) de jus de citron
½	avocat, coupé en dés
10	minitomates, coupées en quartiers
30 ml	(2 c. à soupe) de coriandre, hachée grossièrement + 2 feuilles pour garnir
Au goût	sel et poivre
60 g	(2 oz) de crevettes nordiques

PRÉPARATION

- Préparer la vinaigrette en fouettant l'huile et le jus de citron.

- Mélanger les avocats, les tomates et la coriandre. Arroser d'une partie de la vinaigrette, assaisonner au goût et mélanger. Déposer dans une verrine.

- Garnir de crevettes nordiques, arroser du reste de la vinaigrette et garnir d'une feuille de coriandre, si désiré.

········· *Variante 1* ·········
Remplacer les crevettes nordiques par deux crevettes tigrées grillées.

········· *Variante 2* ·········
Ajouter des petits dés de mangue au mélange avocat-tomates-coriandre.

Tian de légumes grillés

énergie 170 kcal	lipides 13 g	glucides 12 g	fibres 5 g	protéines 2 g	sodium 10 mg

1 portion

	Huile en aérosol
Au goût	sel et poivre
2	tranches d'aubergine pourpre
4	tranches de courgette
2	tranches de tomate
2	rondelles d'oignon rouge
15 ml	(1 c. à soupe) d'huile d'olive
5 ml	(1 c. à thé) de vinaigre balsamique
15 ml	(1 c. à soupe) de basilic frais, ciselé

2 portions

	Huile en aérosol
Au goût	sel et poivre
4	tranches d'aubergine pourpre
8	tranches de courgette
4	tranches de tomate
4	rondelles d'oignon rouge
30 ml	(2 c. à soupe) d'huile d'olive
10 ml	(2 c. à thé) de vinaigre balsamique
30 ml	(2 c. à soupe) de basilic frais, ciselé

PRÉPARATION

• Enduire une plaque de cuisson* d'un jet d'huile en aérosol.

• Assaisonner les légumes de sel et de poivre, et les faire griller quelques minutes de chaque côté (1 minute seulement pour les tomates). Réserver.

• Préparer la vinaigrette en fouettant l'huile et le vinaigre.

• Dans une assiette, déposer les légumes en alternance, l'un sur l'autre : aubergine, courgette, tomate, oignon et recommencer en arrosant d'un peu de vinaigrette lors du montage.

• Verser le reste de vinaigrette et garnir de basilic frais.

---
* Les légumes peuvent aussi être grillés sur le barbecue.

······· *Variante 1* ·······
Ajouter une rondelle de fromage de chèvre.

······· *Variante 2* ·······
Garnir le tian de noix de pin préalablement grillées au four.
Remplacer l'aubergine par un poivron rouge, grillé et pelé.

Truffes de chèvre frais en croûte de germe de blé

énergie 230 kcal	lipides 13 g	glucides 21 g	fibres 3 g	protéines 7 g	sodium 110 mg

1 portion

½	poire Anjou, tranchée
5 ml	(1 c. à thé) de jus de citron
7,5 ml	(½ c. à soupe) d'huile d'olive
2,5 ml	(½ c. à thé) de vinaigre de pomme
5 ml	(1 c. à thé) de miel
30 g	(1 oz) de fromage de chèvre frais non affiné (environ 21 % m. g.)
7,5 ml	(½ c. à soupe) de germe de blé, grillé

2 portions

1	poire Anjou, tranchée
10 ml	(2 c. à thé) de jus de citron
15 ml	(1 c. à soupe) d'huile d'olive
5 ml	(1 c. à thé) de vinaigre de pomme
10 ml	(2 c. à thé) de miel
60 g	(2 oz) de fromage de chèvre frais non affiné (environ 21 % m. g.)
15 ml	(1 c. à soupe) de germe de blé, grillé

PRÉPARATION

- Déposer les tranches de poire dans une assiette et les arroser de jus de citron.

- Préparer la vinaigrette en fouettant l'huile, le vinaigre et le miel. Verser sur les tranches de poire.

- Façonner 3 boules avec le fromage de chèvre et les rouler dans le germe de blé pour bien les enrober. Déposer sur la salade de poire.

·········· Variante 1 ··········
Remplacer la poire par une pomme rouge.

·········· Variante 2 ··········
Déposer la boule de chèvre sur une salade de cresson.

Un petit plus : parsemer d'un peu de thym effeuillé.

Les **soupers**
à 350 Calories
et moins !

Qu'ils soient végétariens, à base de volaille, viande, poisson ou fruits de mer, tous les plats proposés dans cette section fournissent suffisamment de protéines pour bien vous soutenir. Chaque recette propose deux variantes, question d'adapter la suggestion en fonction de ses goûts personnels. On y trouve également pour chacune une suggestion d'accompagnement, avec son apport calorique. Voilà de quoi composer en toute simplicité un savoureux repas minceur.

Crêpes au poulet et aux asperges

énergie **336 kcal**	lipides **9 g**	glucides **32 g**	fibres **2 g**	protéines **30 g**	sodium **286 mg**

1 portion

Crêpe

50 ml	**(3 c. à soupe + 1 c. à thé)** de lait 1 % m. g.
1	blanc d'œuf
45 ml	**(3 c. à soupe)** de farine tout usage
	Une pincée de sel
1 ml	**(¼ c. à thé)** de beurre, à température ambiante

Béchamel

5 ml	**(1 c. à thé)** de beurre
5 ml	**(1 c. à thé)** de farine tout usage
80 ml	**(⅓ tasse)** de lait 1 % m. g.
2,5 ml	**(½ c. à thé)** de fécule de maïs
Au goût	sel, poivre et muscade, râpée

Garniture

	Huile en aérosol
15 ml	**(1 c. à soupe)** d'oignon rouge, haché
¼	poivron rouge, en lanières
3	asperges, cuites
60 g	**(2 oz)** de poulet cuit, en cubes
7,5 ml	**(½ c. à soupe)** d'eau ou de bouillon de poulet
Au goût	sel et poivre
7,5 ml	**(½ c. à soupe)** de persil, haché

2 portions

Crêpe

100 ml	**(6 c. à soupe + 2 c. à thé)** de lait 1 % m. g.
2	blancs d'œufs
90 ml	**(6 c. à soupe)** de farine tout usage
	Une pincée de sel
2,5 ml	**(½ c. à thé)** de beurre, à température ambiante

Béchamel

10 ml	**(2 c. à thé)** de beurre
10 ml	**(2 c. à thé)** de farine tout usage
160 ml	**(⅔ tasse)** de lait 1 % m. g.
5 ml	**(1 c. à thé)** de fécule de maïs
Au goût	sel, poivre et muscade, râpée

Garniture

	Huile en aérosol
30 ml	**(2 c. à soupe)** d'oignon rouge, haché
½	poivron rouge, en lanières
6	asperges, cuites
120 g	**(4 oz)** de poulet cuit, en cubes
15 ml	**(1 c. à soupe)** d'eau ou de bouillon de poulet
Au goût	sel et poivre
15 ml	**(1 c. à soupe)** de persil, haché

············ *Variante 1* ············

Remplacer le poulet par 1 ½ tranche de jambon maigre et le poivron par des champignons.
(1 portion)

············ *Variante 2* ············

Ajouter 30 g (1 oz) de cheddar allégé pour chaque crêpe.

PRÉPARATION

- Préparation des crêpes. Dans un bol, fouetter le lait et le blanc d'œuf. Ajouter la farine et le sel. Mélanger jusqu'à ce que la pâte soit lisse.

- Chauffer une grande poêle sur feu moyen et l'enduire de beurre à l'aide d'un pinceau ou d'un papier absorbant. Y verser la moitié de la pâte, étaler en basculant légèrement la poêle et laisser cuire quelques minutes de chaque côté jusqu'à ce que la crêpe soit dorée. Réserver et procéder de la même façon avec le reste de la pâte.

- Préparation de la béchamel. Dans une petite casserole sur feu moyen, faire fondre le beurre et ajouter la farine. Poursuivre la cuisson 1 ou 2 minutes en mélangeant constamment. Dans un petit bol, mélanger le lait et la fécule de maïs. Verser dans la casserole en fouettant. Porter à légère ébullition. Baisser le feu, assaisonner de sel, de poivre et de muscade, et mélanger jusqu'à ce que la sauce épaississe.

- Préparation de la garniture. Dans une poêle vaporisée d'huile, sur feu moyen, faire revenir l'oignon environ 2 minutes. Ajouter le poivron et cuire 2 minutes. Ajouter les asperges, le poulet et l'eau, et les réchauffer. Saler, poivrer et parsemer de persil.

- Déposer une crêpe dans chaque assiette et garnir du mélange de poulet et de légumes. Replier la crêpe et la napper de béchamel.

Accompagnement suggéré

250 ml (1 tasse) de salade verte, arrosée de vinaigrette : 10 ml (2 c. à thé) d'huile d'olive et 5 ml (1 c. à thé) de jus de citron (93 Calories).

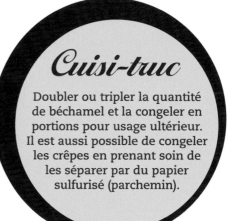

Cuisi-truc

Doubler ou tripler la quantité de béchamel et la congeler en portions pour usage ultérieur. Il est aussi possible de congeler les crêpes en prenant soin de les séparer par du papier sulfurisé (parchemin).

Hauts de cuisse de poulet à la mexicaine

énergie 290 kcal	lipides 13 g	glucides 13 g	fibres 2 g	protéines 31 g	sodium 610 mg

1 portion

5 ml	(1 c. à thé) d'huile d'olive
15 ml	(1 c. à soupe) d'oignon, haché
30 ml	(2 c. à soupe) de maïs en grains
30 ml	(2 c. à soupe) de poivron rouge, en dés
30 ml	(2 c. à soupe) de poivron vert, en dés
Au goût	sel
60 ml	(¼ tasse) de sauce tomate maison ou du commerce
	Une pincée de piment de Cayenne
75 g	(2,5 oz) de hauts de cuisse de poulet désossés, sans la peau
30 g	(1 oz) de cheddar allégé, râpé

2 portions

10 ml	(2 c. à thé) d'huile d'olive
30 ml	(2 c. à soupe) d'oignon, haché
60 ml	(¼ tasse) de maïs en grains
60 ml	(¼ tasse) de poivron rouge, en dés
60 ml	(¼ tasse) de poivron vert, en dés
Au goût	sel
125 ml	(½ tasse) de sauce tomate maison ou du commerce
	Une pincée de piment de Cayenne
150 g	(5 oz) de hauts de cuisse de poulet désossés, sans la peau
60 g	(2 oz) de cheddar allégé, râpé

PRÉPARATION

- Préchauffer le four à 180 °C (350 °F).

- Dans une poêle sur feu moyen, chauffer l'huile et y faire sauter l'oignon 2 minutes. Ajouter le maïs et les poivrons. Saler et poursuivre la cuisson jusqu'à ce que les légumes soient cuits, mais encore croquants. Réserver.

- Dans un petit bol, mélanger la sauce tomate et le piment de Cayenne.

- Déposer les hauts de cuisse de poulet dans un petit plat de cuisson profond, les couvrir de légumes et napper de sauce tomate.

- Cuire au four pendant 15 minutes. Saupoudrer de fromage et poursuivre la cuisson 10 ou 15 minutes, selon la grosseur des hauts de cuisse de poulet.

Accompagnement suggéré

125 ml (½ tasse) de riz (109 Calories).

·········· *Variante 1* ··········

Ajouter 2,5 ml (½ c. à thé) de cumin aux légumes pendant la cuisson.

·········· *Variante 2* ··········

Remplacer le maïs par des haricots noirs en conserve, rincés et égouttés.

Pain de viande façon tajine

énergie 240 kcal	lipides 7 g	glucides 13 g	fibres 3 g	protéines 31 g	sodium 230 mg

1 portion

90 g	(3 oz) de dindon haché
30 ml	(2 c. à soupe) de flocons d'avoine
15 ml	(1 c. à soupe) d'oignon, haché finement
½	gousse d'ail, hachée
1	petit œuf, battu
3	olives vertes, dénoyautées et tranchées
	Le zeste de ½ citron
	Une pincée de cannelle
Au goût	sel et poivre
	Huile en aérosol
1	petite tomate italienne, épépinée et coupée en dés

2 portions

180 g	(6 oz) de dindon haché
60 ml	(¼ tasse) de flocons d'avoine
30 ml	(2 c. à soupe) d'oignon, haché finement
1	petite gousse d'ail, hachée
1	gros œuf, battu
6	olives vertes, dénoyautées et tranchées
	Le zeste de 1 citron
	Une pincée de cannelle
Au goût	sel et poivre
	Huile en aérosol
2	petites tomates italiennes, épépinées et coupées en dés

PRÉPARATION

• Préchauffer le four à 180 °C (350 °F).

• Dans un bol, mélanger tous les ingrédients à l'exception de l'huile en aérosol et des tomates. Déposer dans 2 moules d'une contenance de 250 ml (1 tasse) chacun ou dans 4 moules à muffins préalablement enduits d'huile en aérosol. Garnir de tomates en dés, saler, poivrer et cuire au four de 20 à 25 minutes, selon la grosseur du moule.

Accompagnement suggéré

125 ml (½ tasse) de couscous de blé entier (93 Calories) ou encore 250 ml (1 tasse) des poivrons et courgettes vapeur arrosés de jus de citron (35 Calories).

········· *Variante 1* ·········
Servir avec une ratatouille relevée de ras el hanout.

········· *Variante 2* ·········
Retirer les pains de viande des ramequins et les déposer chacun sur un nid de purée de pommes de terre.

Poulet au citron et aux olives vertes

énergie 296 kcal	lipides 12,5 g	glucides 5 g	fibres 1 g	protéines 27 g	sodium 639 mg

1 portion

5 ml	(1 c. à thé) d'huile d'olive
30 ml	(2 c. à soupe) d'oignon, haché
90 g	(3 oz) de poitrine de poulet, coupée en dés
Au goût	Sel et poivre
60 ml	(¼ tasse) de vin blanc
	Le zeste et le jus de ½ petit citron
60 ml	(¼ tasse) de bouillon de poulet faible en sodium
5	olives vertes, dénoyautées
7,5 ml	(½ c. à soupe) d'estragon

PRÉPARATION

- Dans une poêle sur feu moyen-vif, chauffer l'huile et y faire revenir l'oignon jusqu'à légère coloration. Ajouter le poulet et poursuivre la cuisson de 3 à 5 minutes. Saler et poivrer au goût.

- Déglacer avec le vin blanc, ajouter le zeste et le jus de citron et laisser réduire de moitié. Verser le bouillon de poulet, porter à ébullition et réduire le feu au minimum.

- Ajouter les olives, couvrir à demi et laisser mijoter de 7 à 10 minutes.

- Parsemer d'estragon et servir.

2 portions

10 ml	(2 c. à thé) d'huile d'olive
60 ml	(¼ tasse) d'oignon, haché
180 g	(6 oz) de poitrine de poulet, coupée en dés
Au goût	Sel et poivre
125 ml	(½ tasse) de vin blanc
	Le zeste et le jus de 1 petit citron
125 ml	(½ tasse) de bouillon de poulet faible en sodium
10	olives vertes, dénoyautées
15 ml	(1 c. à soupe) d'estragon

Accompagnement suggéré

125 ml (½ tasse) de couscous de blé entier cuit (93 Calories) ou de chou-fleur caramélisé aux épices méditerranéennes (voir recette page 125).

· · · · · · · · · · *Variante 1* · · · · · · · · · ·

Ajouter au bouillon 60 ml (¼ tasse) de tomates italiennes en conserve, hachées grossièrement.

· · · · · · · · · · *Variante 2* · · · · · · · · · ·

Servir sur des linguines.

Cuisi-truc

Prélever le zeste du citron à l'aide d'un économe avant de le couper en julienne.

Chou-fleur caramélisé aux épices méditerranéennes (accompagnement)

énergie 150 kcal	lipides 13 g	glucides 7 g	fibres 2 g	protéines 2 g	sodium 35 mg

1 portion

15 ml	(1 c. à soupe) d'huile d'olive
2,5 ml	(½ c. à thé) de graines de cumin, écrasées, ou de cumin moulu
2,5 ml	(½ c. à thé) de graines de coriandre, écrasées, ou de coriandre moulue
Au goût	sel et poivre
250 ml	(1 tasse) de chou-fleur, en petits bouquets

2 portions

30 ml	(2 c. à soupe) d'huile d'olive
5 ml	(1 c. à thé) de graines de cumin, écrasées, ou de cumin moulu
5 ml	(1 c. à thé) de graines de coriandre, écrasées, ou de coriandre moulue
Au goût	sel et poivre
500 ml	(2 tasses) de chou-fleur, en petits bouquets

PRÉPARATION

• Préchauffer le four à 215 °C (425 °F).

• Mélanger l'huile avec le cumin, la coriandre, du sel et du poivre. À l'aide d'un pinceau, enduire les bouquets de chou-fleur d'huile épicée et remuer pour bien les enrober.

• Déposer sur une plaque de cuisson et cuire environ 15 minutes ou jusqu'à coloration, en prenant soin de retourner le chou-fleur à mi-cuisson.

Note : Pour ceux qui sont peu habitués aux parfums des épices, réduire un peu la quantité.

Poulet en croûte d'amandes

énergie 304 kcal	lipides 18 g	glucides 5 g	fibres 3 g	protéines 31 g	sodium 107 mg

1 portion

20 ml	(4 c. à thé) de lait de coco léger
2,5 ml	(½ c. à thé) de pâte de cari rouge
45 ml	(3 c. à soupe) d'amandes concassées
1	escalope de poulet de 90 g (3 oz)
Au goût	sel

2 portions

45 ml	(3 c. à soupe) de lait de coco léger
5 ml	(1 c. à thé) de pâte de cari rouge
90 ml	(6 c. à soupe) d'amandes concassées
2	escalopes de poulet de 90 g (3 oz) chacune
Au goût	sel

PRÉPARATION

• Préchauffer le four à 200 °C (400 °F).

• Dans un petit bol, mélanger le lait de coco, la pâte de cari et les amandes.

• Déposer les escalopes sur une plaque de cuisson tapissée de papier sulfurisé (parchemin), saler légèrement et couvrir de la garniture aux amandes.

• Cuire au four pendant 15 minutes.

Accompagnement suggéré

250 ml (1 tasse) de bok-choy cuit à la vapeur (18 Calories).

> ········· *Variante 1* ·········
>
> Remplacer les amandes par des noix de Grenoble concassées.
>
> ········· *Variante 2* ·········
>
> Remplacer le mélange aux amandes par 15 ml (1 c. à soupe) de pesto mélangé à 30 ml (2 c. à soupe) de noix de pin.

Poulet farci aux épinards

énergie **210 kcal**	lipides **5 g**	glucides **9 g**	fibres **3 g**	protéines **32 g**	sodium **119 mg**

1 portion

	Huile en aérosol
15 ml	(**1 c. à soupe**) d'oignon, émincé
125 ml	(**½ tasse**) d'épinards, tiges retirées, grossièrement hachés
Au goût	sel et poivre
1	escalope de poulet de 90 g (3 oz)
¼	poivron rouge, grillé, égoutté et coupé en lanières
15 g	(**½ oz**) de fromage suisse allégé, tranché
2	tomates italiennes, mondées, épépinées et coupées en dés
½	gousse d'ail, hachée
7,5 ml	(**½ c. à soupe**) de basilic frais, ciselé

2 portions

	Huile en aérosol
30 ml	(**2 c. à soupe**) d'oignon, émincé
250 ml	(**1 tasse**) d'épinards, tiges retirées, grossièrement hachés
Au goût	sel et poivre
2	escalopes de poulet de 90 g (3 oz) chacune
½	poivron rouge, grillé, égoutté et coupé en lanières
30 g	(**1 oz**) de fromage suisse allégé, tranché
4	tomates italiennes, mondées, épépinées et coupées en dés
1	gousse d'ail, hachée
15 ml	(**1 c. à soupe**) de basilic frais, ciselé

PRÉPARATION

• Préchauffer le four à 200 °C (400 °F).

• Dans une poêle vaporisée d'huile, sur feu moyen, faire revenir l'oignon pendant 2 minutes. Ajouter les épinards et cuire 2 minutes. Saler, poivrer et laisser refroidir.

• Garnir chacune des escalopes de la préparation aux épinards, couvrir de poivron et de fromage. Rouler et maintenir à l'aide d'un cure-dent.

• Vaporiser de nouveau la poêle d'huile si nécessaire et y saisir le poulet 2 minutes de chaque côté à feu vif. Saler, poivrer et déposer dans un plat de cuisson. Cuire au four 15 minutes.

• Pendant ce temps, dans la poêle sur feu moyen, cuire les tomates et l'ail pendant quelques minutes. Saler, poivrer et ajouter le basilic.

• Servir le poulet nappé de sauce tomate au basilic.

Accompagnement suggéré

Une salade composée de **250 ml (1 tasse)** de poivrons jaunes et oranges et arrosée de vinaigrette : **10 ml (2 c. à thé)** d'huile d'olive et **5 ml (1 c. à thé)** de vinaigre balsamique (**130 Calories**).

· · · · · · · · · · ***Variante 1*** *· · · · · · · · · ·*

Remplacer le fromage suisse par du fromage de chèvre affiné.

· · · · · · · · · · ***Variante 2*** *· · · · · · · · · ·*

Ajouter des olives noires à la sauce tomate.

Cuisi-truc

Si on utilise de jeunes épinards, il n'est pas nécessaire de les hacher.

Poulet rôti aux herbes

énergie **191 kcal**	lipides **10 g**	glucides **2 g**	fibres **1 g**	protéines **22 g**	sodium **108 mg**

1 portion

75 g	(2,5 oz) de hauts de cuisse de poulet désossés, sans la peau
7,5 ml	(½ c. à soupe) d'huile d'olive
5 ml	(1 c. à thé) de jus de citron
¼	gousse d'ail, hachée
7,5 ml	(½ c. à soupe) d'herbes séchées (basilic, thym, origan)
Au goût	sel et poivre

PRÉPARATION

- Préchauffer le four à 190 °C (375 °F).

- Retirer tout gras apparent sur les hauts de cuisse de poulet.

- Dans un sac refermable, mélanger l'huile, le jus de citron, l'ail, les herbes et y faire mariner les hauts de cuisse de poulet au réfrigérateur pendant au moins 30 minutes.

- Déposer les hauts de cuisse de poulet sur une petite plaque de cuisson, saler et poivrer au goût, et cuire au four pendant 20 minutes.

2 portions

150 g	(5 oz) de hauts de cuisse de poulet désossés, sans la peau
15 ml	(1 c. à soupe) d'huile d'olive
10 ml	(2 c. à thé) de jus de citron
½	gousse d'ail, hachée
15 ml	(1 c. à soupe) d'herbes séchées (basilic, thym, origan)
Au goût	sel et poivre

Accompagnement suggéré

Salsa de tomates et de basilic : mélanger **180 ml (¾ tasse)** de minitomates coupées en 2 ou en 4, **15 ml (1 c. à soupe)** de basilic frais et **5 ml (1 c. à thé)** de câpres. Arroser de **7,5 ml (½ c. à soupe)** d'huile d'olive et de **2,5 ml (½ c. à thé)** de vinaigre balsamique **(85 Calories)**.

······· *Variante 1* ·······
Remplacer les hauts de cuisse de poulet par des poitrines de poulet.

······· *Variante 2* ·······
Servir avec des frites de patate douce cuites au four.

······· *Bon à savoir* ·······
Il faudra environ 3 petits hauts de cuisse de poulet ou 2 plus gros par portion.

Poulet sauté à la mangue

énergie 340 kcal	lipides 11 g	glucides 33 g	fibres 3 g	protéines 28 g	sodium 480 mg

1 portion

5 ml	(1 c. à thé) d'huile d'olive
125 ml	(½ tasse) de pois mange-tout
125 ml	(½ tasse) de poivron rouge, en lanières
Au goût	sel et poivre du moulin
90 g	(3 oz) de poitrine de poulet, en lanières
7,5 ml	(½ c. à soupe) de sauce soya
7,5 ml	(½ c. à soupe) de miel
2,5 ml	(½ c. à thé) d'huile de sésame
½	mangue, en julienne
15 ml	(1 c. à soupe) de basilic thaïlandais, haché

PRÉPARATION

- Dans une poêle sur feu moyen, chauffer l'huile et y faire sauter les pois mange-tout 2 minutes. Ajouter le poivron. Saler, poivrer et poursuivre la cuisson jusqu'à ce que les légumes soient cuits, mais encore croquants. Retirer de la poêle et réserver.

- Saler et poivrer les lanières de poulet et les faire sauter dans la même poêle pendant 5 minutes.

- Dans un petit bol, mélanger la sauce soya, le miel et l'huile de sésame.

- Remettre les légumes dans la poêle et verser la sauce. Porter à ébullition, puis baisser le feu. Ajouter la mangue et le basilic, mélanger et servir aussitôt.

2 portions

10 ml	(2 c. à thé) d'huile d'olive
250 ml	(1 tasse) de pois mange-tout
250 ml	(1 tasse) de poivron rouge, en lanières
Au goût	sel et poivre du moulin
180 g	(6 oz) de poitrine de poulet, en lanières
15 ml	(1 c. à soupe) de sauce soya
15 ml	(1 c. à soupe) de miel
5 ml	(1 c. à thé) d'huile de sésame
1	mangue, en julienne
30 ml	(2 c. à soupe) de basilic thaïlandais, haché

Accompagnement suggéré

125 ml (½ tasse) de riz basmati (**110 Calories**) ou la même quantité de nouilles de riz cuites (**101 Calories**).

······· *Variante 1* ·······

Ajouter 30 ml (2 c. à soupe) de noix de cajou grossièrement concassées. Pour un petit goût piquant, ajouter du sambal œlek ou de la sauce sriracha.

······· *Variante 2* ·······

Au lieu du riz, servir sur un nid d'épinards cuits à l'ail.

Cuisi-truc

La coriandre ou le basilic génois peuvent remplacer le basilic thaïlandais, parfois plus difficile à trouver.

Risotto au poulet et aux canneberges

énergie 332 kcal	lipides 7 g	glucides 38 g	fibres 1 g	protéines 23 g	sodium 768 mg

1 portion

2,5 ml	(½ c. à thé) d'huile d'olive
15 ml	(1 c. à soupe) d'oignon, haché
50 ml	(3 c. à soupe + 1 c. à thé) de riz arborio ou carnaroli, cru
30 ml	(2 c. à soupe) de vin blanc
140 ml	(½ tasse + 1 c. à soupe) de bouillon de poulet, chaud
60 g	(2 oz) de poitrine de poulet, en cubes
15 ml	(1 c. à soupe) de canneberges séchées
15 ml	(1 c. à soupe) de parmesan, fraîchement râpé
Au goût	sel et poivre

PRÉPARATION

- Dans une petite casserole sur feu moyen-vif, chauffer la moitié de l'huile et faire revenir l'oignon quelques minutes. Ajouter le riz et poursuivre la cuisson, tout en remuant à la cuillère de bois, jusqu'à ce qu'il devienne nacré ou légèrement coloré.

- Déglacer avec le vin blanc et poursuivre la cuisson jusqu'à ce qu'il soit presque tout absorbé. Sans cesser de remuer, verser une louche de bouillon chaud et laisser le riz l'absorber avant de verser une autre louche. Poursuivre de la même façon avec le reste du bouillon. Le riz sera *al dente* après environ 18 minutes de cuisson.

2 portions

5 ml	(1 c. à thé) d'huile d'olive
30 ml	(2 c. à soupe) d'oignon, haché
100 ml	(6 c. à soupe + 2 c. à thé) de riz arborio ou carnaroli, cru
60 ml	(¼ tasse) de vin blanc
280 ml	(1 tasse + 2 c. à soupe) de bouillon de poulet, chaud
120 g	(4 oz) de poitrine de poulet, en cubes
30 ml	(2 c. à soupe) de canneberges séchées
30 ml	(2 c. à soupe) de parmesan, fraîchement râpé
Au goût	sel et poivre

- Pendant ce temps, dans une poêle antiadhésive sur feu vif, colorer le poulet pendant 2 ou 3 minutes, puis baisser le feu. Poursuivre la cuisson jusqu'à ce que le poulet soit cuit. Ajouter les canneberges.

- Ajouter le parmesan au risotto. Saler, poivrer et servir sans attendre avec la poêlée de poulet aux canneberges.

Accompagnement suggéré

125 ml (½ tasse) d'asperges cuites, en tronçons, garnies de 10 ml (2 c. à thé) d'amandes, tranchées ou en bâtonnets, grillées (44 Calories).

.... *Variante 1* ....

Remplacer les canneberges par 60 ml (¼ tasse) de petits pois verts surgelés, dégelés : les ajouter au poulet au moment de baisser le feu.

.... *Variante 2* ....

Remplacer le riz par de l'orge perlé : bien rincer l'orge et l'égoutter avant de le faire revenir. Le bouillon pourra être versé d'un seul coup. Couvrir et laisser mijoter sur feu doux pendant environ 25 minutes. Il est aussi possible d'utiliser de l'orge mondé : il faudra alors le faire tremper au moins 6 heures dans trois fois son volume d'eau, puis l'égoutter.

Satay de poulet

énergie 280 kcal	lipides 15 g	glucides 7 g	fibres 1 g	protéines 29 g	sodium 250 mg

1 portion

5 ml	(1 c. à thé) d'huile de canola
2,5 ml	(½ c. à thé) d'huile de sésame
7,5 ml	(½ c. à soupe) de jus de citron vert
2,5 ml	(½ c. à thé) de sauce soya
½	gousse d'ail, hachée
90 g	(3 oz) de poitrine de poulet, en cubes de 2 cm (¾ po)

Sauce à l'arachide

10 ml	(2 c. à thé) de beurre d'arachide crémeux
2,5 ml	(½ c. à thé) de miel
2,5 ml	(½ c. à thé) de jus de citron vert
	Le zeste de ¼ de citron vert
7,5 ml	(½ c. à soupe) d'eau chaude
Au goût	piment de Cayenne ou d'Espelette

2 portions

10 ml	(2 c. à thé) d'huile de canola
5 ml	(1 c. à thé) d'huile de sésame
15 ml	(1 c. à soupe) de jus de citron vert
5 ml	(1 c. à thé) de sauce soya
1	gousse d'ail, hachée
180 g	(6 oz) de poitrine de poulet, en cubes de 2 cm (¾ po)

Sauce à l'arachide

20 ml	(4 c. à thé) de beurre d'arachide crémeux
5 ml	(1 c. à thé) de miel
5 ml	(1 c. à thé) de jus de citron vert
	Le zeste de ½ citron vert
15 ml	(1 c. à soupe) d'eau chaude
Au goût	piment de Cayenne ou d'Espelette

PRÉPARATION

- Dans un bol, mélanger les huiles, le jus de citron vert, la sauce soya et l'ail. Ajouter les cubes de poulet, bien les enrober et laisser mariner 30 minutes au réfrigérateur.

- Préchauffer le barbecue à intensité élevée.

- Enfiler le poulet sur des brochettes et cuire sur le gril quelques minutes de chaque côté, jusqu'à ce que le poulet ait perdu sa teinte rosée.

- Dans un bol, mélanger les ingrédients de la sauce à l'arachide et chauffer au micro-ondes. Ajouter de l'eau au besoin afin d'obtenir une sauce onctueuse.

- Servir les brochettes avec la sauce à l'arachide.

Accompagnement suggéré

Salade de fèves germées et de champignons : 250 ml (1 tasse) de fèves germées et 30 ml (2 c. à soupe) de champignons hachés, arrosés d'une vinaigrette constituée de 10 ml (2 c. à thé) d'huile de canola et de 5 ml (1 c. à thé) de vinaigre de riz (190 Calories).

Note : Il est possible de cuire les satays sur la cuisinière dans une poêle striée ou sous le gril du four.

········· *Variante 1* ·········
Remplacer le poulet par la même quantité de filet de porc.

········· *Variante 2* ·········
Servir avec des légumes en papillote cuits sur le barbecue (poivron, bok-choy, pois mange-tout...).

Sauté de poulet au cari rouge

énergie 289 kcal	lipides 14 g	glucides 12 g	fibres 3 g	protéines 29 g	sodium 306 mg

1 portion

	Huile en aérosol
30 ml	(2 c. à soupe) d'oignon, haché
125 ml	(½ tasse) de brocoli, en petits bouquets
½	poivron rouge, en lanières
90 g	(3 oz) de poitrine de poulet, en lanières
Au goût	sel
2,5 ml	(½ c. à thé) de pâte de cari rouge ou plus, au goût
45 ml	(3 c. à soupe) de lait de coco
45 ml	(3 c. à soupe) de bouillon de poulet ou de légumes
15 ml	(1 c. à soupe) de coriandre fraîche, ciselée

2 portions

	Huile en aérosol
60 ml	(¼ tasse) d'oignon, haché
250 ml	(1 tasse) de brocoli, en petits bouquets
1	poivron rouge, en lanières
180 g	(6 oz) de poitrine de poulet, en lanières
Au goût	sel
5 ml	(1 c. à thé) de pâte de cari rouge ou plus, au goût
90 ml	(6 c. à soupe) de lait de coco
90 ml	(6 c. à soupe) de bouillon de poulet ou de légumes
30 ml	(2 c. à soupe) de coriandre fraîche, ciselée

PRÉPARATION

- Dans une poêle ou un wok vaporisé d'huile, sur feu moyen, faire revenir l'oignon environ 1 minute. Ajouter le brocoli et faire sauter 3 minutes. Ajouter le poivron et cuire 2 minutes. Réserver les légumes cuits, mais encore croquants.

- Dans la même poêle (la vaporiser légèrement d'huile si nécessaire), faire revenir les lanières de poulet environ 6 minutes. Saler.

- Diluer la pâte de cari dans le lait de coco et le bouillon de poulet, et verser sur le poulet.

- Ajouter les légumes et poursuivre la cuisson 2 minutes. Parsemer de coriandre et servir.

Accompagnement suggéré

125 ml (½ tasse) de riz basmati (**110 Calories**).
(1 portion)

Variante 1

Remplacer le poulet par des lanières de tofu ferme.

Variante 2

Remplacer le brocoli par des pois mange-tout et/ou la coriandre par du basilic thaïlandais.

Cuisi-truc

Pour obtenir une sauce plus onctueuse, diluer 5 ml (1 c. à thé) de fécule de maïs dans 10 ml (2 c. à thé) d'eau froide et verser dans la poêle 2 minutes avant la fin de la cuisson.
(1 portion)

Boulettes thaïlandaises

énergie 152 kcal	lipides 6 g	glucides 6 g	fibres 1 g	protéines 18 g	sodium 774 mg

1 portion

Boulettes

75 g	(2 ½ oz) de dinde hachée extra-maigre
15 ml	(1 c. à soupe) de germe de blé, grillé
2,5 ml	(½ c. à thé) de gingembre frais, râpé
1 ml	(¼ c. à thé) de zeste de citron vert
2,5 ml	(½ c. à thé) de jus de citron vert
7,5 ml	(½ c. à soupe) d'oignon vert, ciselé
7,5 ml	(½ c. à soupe) de coriandre, ciselée
Au goût	sel et poivre
	Huile en aérosol

Sauce

250 ml	(1 tasse) de bouillon de légumes
2,5 ml	(½ c. à thé) de gingembre
2,5 ml	(½ c. à thé) de citronnelle, hachée finement
Au goût	pâte de cari rouge ou sambal œlek, sel
5 ml	(1 c. à thé) de jus de citron vert

Garniture

5 ml	(1 c. à thé) d'oignon vert, ciselé
7,5 ml	(½ c. à soupe) de coriandre, ciselée

2 portions

Boulettes

150 g	(5 oz) de dinde hachée extra-maigre
30 ml	(2 c. à soupe) de germe de blé, grillé
5 ml	(1 c. à thé) de gingembre frais, râpé
2,5 ml	(½ c. à thé) de zeste de citron vert
5 ml	(1 c. à thé) de jus de citron vert
15 ml	(1 c. à soupe) d'oignon vert, ciselé
15 ml	(1 c. à soupe) de coriandre, ciselée
Au goût	sel et poivre
	Huile en aérosol

Sauce

500 ml	(2 tasses) de bouillon de légumes
5 ml	(1 c. à thé) de gingembre
5 ml	(1 c. à thé) de citronnelle, hachée finement
Au goût	pâte de cari rouge ou sambal œlek, sel
10 ml	(2 c. à thé) de jus de citron vert

Garniture

10 ml	(2 c. à thé) d'oignon vert, ciselé
15 ml	(1 c. à soupe) de coriandre, ciselée

PRÉPARATION

- Dans un bol, mélanger tous les ingrédients des boulettes, excepté l'huile, et en façonner 8.

- Dans une poêle moyenne vaporisée d'huile, sur feu moyen-vif, colorer les boulettes de tous côtés.

- Préparation de la sauce. Dans un bol, mélanger le bouillon, le gingembre, la citronnelle, la pâte de cari et le jus de citron vert.

- Verser la sauce sur les boulettes, couvrir à demi et poursuivre la cuisson sur feu moyen environ 10 minutes en tournant les boulettes de temps à autre. Si la sauce semble trop liquide, retirer le couvercle et augmenter le feu. Laisser réduire jusqu'à la consistance désirée. Garnir d'oignon vert et de coriandre.

Note : La citronnelle, aussi fine soit-elle hachée, peut se révéler coriace sous la dent. Pour éviter ce désagrément, après la cuisson, retirer les boulettes de la sauce et filtrer celle-ci dans un tamis.

Accompagnement suggéré

125 ml (½ tasse) de riz basmati (110 Calories).

> ·········· *Variante 1* ··········
> Remplacer la dinde par du porc haché.
>
> ·········· *Variante 2* ··········
> Remplacer le tiers du bouillon de légumes par du lait de coco léger.

Couscous au dindon et aux abricots

énergie 350 kcal	lipides 5 g	glucides 48 g	fibres 3 g	protéines 27 g	sodium 225 mg

1 portion

80 ml	(⅓ tasse) de bouillon de poulet
80 ml	(⅓ tasse) de couscous de blé entier
Au goût	sel et poivre du moulin
60 g	(2 oz) de dindon cuit, en cubes
30 ml	(2 c. à soupe) d'abricots séchés, en dés
10 ml	(2 c. à thé) d'amandes, grillées
15 ml	(1 c. à soupe) de persil ou plus, haché

2 portions

160 ml	(⅔ tasse) de bouillon de poulet
160 ml	(⅔ tasse) de couscous de blé entier
Au goût	sel et poivre du moulin
120 g	(4 oz) de dindon cuit, en cubes
60 ml	(¼ tasse) d'abricots séchés, en dés
20 ml	(4 c. à thé) d'amandes, grillées
30 ml	(2 c. à soupe) de persil ou plus, haché

PRÉPARATION

- Dans une petite casserole, chauffer le bouillon. Ajouter le couscous, mélanger, couvrir et laisser reposer 5 minutes hors du feu. Ajouter du bouillon ou de l'eau bouillante si nécessaire. Séparer les grains à la fourchette, saler et poivrer.

- Ajouter les cubes de dindon, les abricots et les amandes, et réchauffer à feu doux.

- Garnir de persil et servir.

Accompagnement suggéré

Salade de carottes moyenne-orientale composée de **180 ml (¾ tasse)** de carottes râpées et d'une bonne pincée de cumin, arrosée de **10 ml (2 c. à thé)** d'huile d'olive et de **5 ml (1 c. à thé)** de vinaigre de cidre **(119 Calories)**.

> ••••••••• *Bon à savoir* •••••••••
>
> 160 ml (⅔ tasse) de couscous cru donnera 500 ml (2 tasses) de couscous cuit.
>
> ••••••••• *Variante 1* •••••••••
>
> Remplacer les abricots par des pruneaux.
>
> ••••••••• *Variante 2* •••••••••
>
> Remplacer la dinde par 180 ml (¾ tasse) de pois chiches en conserve, rincés et égouttés.

Escalope de dindon au thé vert

énergie 123 kcal	lipides 3 g	glucides 1 g	fibres 0,3 g	protéines 21 g	sodium 52 mg

1 portion

Au goût	sel et poivre
1	escalope de dindon de **90 g (3 oz)**
2,5 ml	**(½ c. à thé)** d'huile d'olive
60 ml	**(¼ tasse)** de thé vert, infusé 5 minutes
	Le zeste de ¼ de citron
7,5 ml	**(½ c. à soupe)** de menthe fraîche, ciselée

2 portions

Au goût	sel et poivre
2	escalopes de dindon de **90 g (3 oz)** chacune
5 ml	**(1 c. à thé)** d'huile d'olive
125 ml	**(½ tasse)** de thé vert, infusé 5 minutes
	Le zeste de ½ citron
15 ml	**(1 c. à soupe)** de menthe fraîche, ciselée

PRÉPARATION

- Saler et poivrer les escalopes. Dans une poêle sur feu moyen-vif, chauffer l'huile et y colorer les escalopes de chaque côté.

- Déglacer avec le thé et ajouter le zeste de citron. Laisser réduire jusqu'à la consistance désirée. Garnir de menthe.

Accompagnement suggéré

250 ml **(1 tasse)** de choux de Bruxelles vapeur **(59 Calories)**.

•••••••••• *Variante 1* ••••••••••
Ajouter de la citronnelle et du gingembre au thé vert.

•••••••••• *Variante 2* ••••••••••
Remplacer le thé vert par du thé blanc.

Magret de canard, sauce aux fraises

énergie 332 kcal	lipides 23 g	glucides 15 g	fibres 2 g	protéines 21 g	sodium 114 mg

1 portion

½	magret de canard **(environ 120 g/4 oz)**
Au goût	sel et poivre
½	échalote française, hachée
80 ml	**(⅓ tasse)** de fraises fraîches, coupées en deux
7,5 ml	**(½ c. à soupe)** de miel
5 ml	**(1 c. à thé)** de vinaigre de cidre

2 portions

1	petit magret de canard **(environ 240 g/8 oz)**
Au goût	sel et poivre
1	échalote française, hachée
160 ml	**(⅔ tasse)** de fraises fraîches, coupées en deux
15 ml	**(1 c. à soupe)** de miel
10 ml	**(2 c. à thé)** de vinaigre de cidre

PRÉPARATION

- À l'aide d'un couteau, effectuer des croisillons sur le gras du canard en prenant soin de ne pas couper la chair. Saler et poivrer.

- Dans une petite poêle sur feu moyen-vif, déposer le magret, côté gras dessous, et cuire environ 5 minutes. Retourner et poursuivre la cuisson environ 5 minutes, selon l'épaisseur du magret : une cuisson rosée est préférable. Déposer le magret dans une assiette et le couvrir de papier d'aluminium, le temps de préparer la garniture.

- Retirer le gras de la poêle et, sur feu moyen, faire sauter l'échalote quelques minutes. Ajouter les fraises, le miel et le vinaigre de cidre, et cuire 2 minutes.

- Trancher le magret et le napper de sauce aux fraises.

······· *Variante 1* ·······

Remplacer les fraises par des framboises et le vinaigre de cidre par du vinaigre de framboise.

······· *Variante 2* ·······

Remplacer le canard par une poitrine de poulet. Il faudra alors faire cuire la viande à cœur.

Accompagnement suggéré

125 ml (½ tasse) de haricots verts fins et 5 ml (1 c. à thé) d'amandes en bâtonnets grillées (35 Calories).

Cuisi-truc

Laisser reposer le magret cuit couvert de papier d'aluminium permet de conserver tout le jus de la viande ; elle reste donc plus tendre.

Bœuf au sésame

énergie 250 kcal	lipides 12 g	glucides 9 g	fibres 1 g	protéines 27 g	sodium 480 mg

1 portion

Au goût	sel et poivre
90 g	(3 oz) de bœuf, tranché finement
	Huile en aérosol
7,5 ml	(½ c. à soupe) de sauce soya
15 ml	(1 c. à soupe) d'eau
7,5 ml	(½ c. à soupe) de vinaigre de riz
5 ml	(1 c. à thé) de miel
½	gousse d'ail, hachée
1 ou 2	gouttes de tabasco
15 ml	(1 c. à soupe) de graines de sésame, grillées

2 portions

Au goût	sel et poivre
180 g	(6 oz) de bœuf, tranché finement
	Huile en aérosol
15 ml	(1 c. à soupe) de sauce soya
30 ml	(2 c. à soupe) d'eau
15 ml	(1 c. à soupe) de vinaigre de riz
10 ml	(2 c. à thé) de miel
1	gousse d'ail, hachée
3	gouttes de tabasco
30 ml	(2 c. à soupe) de graines de sésame, grillées

PRÉPARATION

• Saler et poivrer les tranches de bœuf.

• Dans une petite poêle vaporisée d'huile, sur feu vif, faire sauter les tranches de bœuf de 2 à 3 minutes. Retirer de la poêle et réserver.

• Dans la même poêle, verser la sauce soya, l'eau, le vinaigre, le miel, l'ail et le tabasco. Porter à ébullition, baisser le feu et laisser réduire la sauce 1 minute ou jusqu'à ce qu'elle devienne légèrement sirupeuse.

• Mettre le bœuf dans la sauce et garnir de graines de sésame.

Accompagnement suggéré

125 ml (½ tasse) de riz au jasmin et 125 ml (½ tasse) de brocoli vapeur (137 Calories).

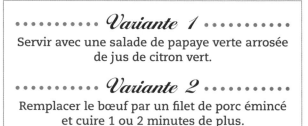

·········· *Variante 1* ··········
Servir avec une salade de papaye verte arrosée de jus de citron vert.

·········· *Variante 2* ··········
Remplacer le bœuf par un filet de porc émincé et cuire 1 ou 2 minutes de plus.

Cuisi-truc

Pour ce genre de cuisson rapide, privilégier une partie tendre de bœuf comme le filet, le contre-filet ou la surlonge. Il est important de trancher le bœuf dans le sens contraire de la fibre.

Bœuf sauté aux trois champignons

énergie 320 kcal	lipides 11 g	glucides 23 g	fibres 4 g	protéines 31 g	sodium 270 mg

1 portion

5 ml	(1 c. à thé) d'huile d'olive
15 ml	(1 c. à soupe) d'échalote française, hachée
½	gousse d'ail, hachée
60 ml	(¼ tasse) de champignons shiitakes, pieds retirés et coupés en deux
60 ml	(¼ tasse) de champignons de Paris (blancs), coupés en deux
60 ml	(¼ tasse) de pleurotes, en lanières
90 g	(3 oz) de bœuf (surlonge), en lanières
7,5 ml	(½ c. à soupe) de vinaigre balsamique
60 ml	(¼ tasse) de bouillon de bœuf
5 ml	(1 c. à thé) de romarin ou de thym frais, haché
Au goût	sel et poivre

2 portions

10 ml	(2 c. à thé) d'huile d'olive
30 ml	(2 c. à soupe) d'échalote française, hachée
1	gousse d'ail, hachée
125 ml	(½ tasse) de champignons shiitakes, pieds retirés et coupés en deux
125 ml	(½ tasse) de champignons de Paris (blancs), coupés en deux
125 ml	(½ tasse) de pleurotes, en lanières
180 g	(6 oz) de bœuf (surlonge), en lanières
15 ml	(1 c. à soupe) de vinaigre balsamique
125 ml	(½ tasse) de bouillon de bœuf
10 ml	(2 c. à thé) de romarin ou de thym frais, haché
Au goût	sel et poivre

PRÉPARATION

• Dans une poêle sur feu moyen, chauffer l'huile et y faire sauter l'échalote 2 minutes. Ajouter l'ail, les shiitakes et les champignons de Paris. Poursuivre la cuisson quelques minutes, ajouter les pleurotes et cuire quelques minutes, jusqu'à ce que les champignons soient tendres. Retirer de la poêle et réserver.

• Dans la même poêle sur feu moyen-vif, faire sauter les lanières de bœuf de 3 à 5 minutes. Déglacer avec le vinaigre balsamique, verser le bouillon et laisser réduire du tiers. Remettre les champignons dans la poêle et ajouter le romarin. Saler et poivrer, réchauffer et servir.

Accompagnement suggéré
125 ml (½ tasse) d'un mélange de riz brun et de riz sauvage (**102 Calories**).

Variante 1
Servir avec un pilaf d'orge aux légumes.

Variante 2
Ajouter 5 ml (1 c. à thé) de moutarde de Dijon à la sauce juste avant de remettre les champignons dans la poêle.

Filet de bœuf au vin rouge

énergie 240 kcal	lipides 12 g	glucides 5 g	fibres 1 g	protéines 28 g	sodium 270 mg

1 portion

Au goût	sel et poivre du moulin
1	pavé de **90 g (3 oz)** de filet de bœuf
5 ml	(**1 c. à thé**) d'huile d'olive
1	échalote française, hachée
125 ml	(**½ tasse**) de champignons, hachés
60 ml	(**¼ tasse**) de vin rouge
60 ml	(**¼ tasse**) de bouillon de bœuf
2,5 ml	(**½ c. à thé**) de thym frais ou une pincée de thym séché

2 portions

Au goût	sel et poivre du moulin
2	pavés de **90 g (3 oz)** chacun de filet de bœuf
10 ml	(**2 c. à thé**) d'huile d'olive
2	échalotes françaises, hachées
250 ml	(**1 tasse**) de champignons, hachés
125 ml	(**½ tasse**) de vin rouge
125 ml	(**½ tasse**) de bouillon de bœuf
5 ml	(**1 c. à thé**) de thym frais ou une pincée de thym séché

PRÉPARATION

• Saler et poivrer les filets de bœuf.

• Dans une poêle sur feu moyen-vif, chauffer l'huile et y saisir le filet de bœuf de 2 à 4 minutes de chaque côté, selon l'épaisseur de la viande et la cuisson désirée. Réserver dans une assiette et couvrir de papier d'aluminium.

• Dans la même poêle sur feu moyen, faire sauter l'échalote quelques minutes. Ajouter les champignons et poursuivre la cuisson 3 minutes. Déglacer avec le vin et laisser réduire de moitié. Ajouter le bouillon et le thym, et laisser réduire jusqu'à ce que la sauce soit onctueuse.

• Napper les filets de bœuf de sauce au vin rouge et aux champignons.

Accompagnement suggéré

3 Pommes de terre grelots, bouillies (**120 Calories**).

Variante 1

Ajouter 30 g (1 oz) de fromage bleu à la sauce au vin rouge et laisser fondre.

Variante 2

Remplacer le vin rouge par du porto.

Variante 3

Utiliser des champignons sauvages, frais ou réhydratés.

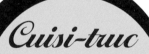

Cuisi-truc

Le filet de bœuf aura relâché un peu de jus de cuisson dans l'assiette ; pour un maximum de saveur, l'ajouter à la sauce au moment de servir.

Macaronis au bœuf et aux petits pois

énergie 350 kcal	lipides 6 g	glucides 50 g	fibres 7 g	protéines 23 g	sodium 520 mg

1 portion

125 ml	(½ tasse) de macaronis
	Huile en aérosol
15 ml	(1 c. à soupe) d'oignon, haché
60 g	(2 oz) de bœuf haché extra-maigre
Au goût	sel et poivre
½	branche de céleri, hachée finement
60 ml	(¼ tasse) de petits pois surgelés
7,5 ml	(½ c. à soupe) de sauce soya
15 ml	(1 c. à soupe) de persil frais, haché

2 portions

250 ml	(1 tasse) de macaronis
	Huile en aérosol
30 ml	(2 c. à soupe) d'oignon, haché
120 g	(4 oz) de bœuf haché extra-maigre
Au goût	sel et poivre
1	branche de céleri, hachée finement
125 ml	(½ tasse) de petits pois surgelés
15 ml	(1 c. à soupe) de sauce soya
30 ml	(2 c. à soupe) de persil frais, haché

PRÉPARATION

- Cuire les macaronis selon les indications sur l'emballage. Égoutter.

- Entre-temps, dans une poêle vaporisée d'huile, sur feu moyen, faire revenir l'oignon et le bœuf haché 5 minutes. Saler, poivrer, ajouter le céleri et les petits pois. Poursuivre la cuisson quelques minutes. Ajouter la sauce soya et les macaronis. Réchauffer et garnir de persil.

Accompagnement suggéré

Salade composée de **250 ml (1 tasse)** de jeunes pousses d'épinards, des suprêmes de ½ orange, de **10 ml (2 c. à thé)** d'huile d'olive et de **5 ml (1 c. à thé)** de vinaigre de cidre **(121 Calories)**.

········· *Variante 1* ·········
Remplacer le bœuf haché par des cubes de tofu ferme.

········· *Variante 2* ·········
Ajouter 250 ml de champignons tranchés et les faire cuire avant d'ajouter le céleri et les petits pois. (2 portions)

Cuisi-truc

Il est possible de remplacer les petits pois surgelés par des petits pois en conserve. Il faudra alors les égoutter et les ajouter à la toute fin, juste pour les réchauffer.

Mijoté de haricots noirs épicé

énergie 350 kcal	lipides 6 g	glucides 52 g	fibres 13 g	protéines 27 g	sodium 403 mg

1 portion

	Huile en aérosol
15 ml	(1 c. à soupe) d'oignon, haché
60 g	(2 oz) de bœuf haché extra-maigre
2,5 ml	(½ c. à thé) de graines de coriandre, écrasées
Au goût	piment de Cayenne et sel
½	boîte de 540 ml (19 oz) de tomates étuvées
60 ml	(¼ tasse) de maïs en grains
125 ml	(½ tasse) de haricots noirs en conserve, rincés et égouttés

2 portions

	Huile en aérosol
30 ml	(2 c. à soupe) d'oignon, haché
120 g	(4 oz) de bœuf haché extra-maigre
5 ml	(1 c. à thé) de graines de coriandre, écrasées
Au goût	piment de Cayenne et sel
540 ml	(19 oz) de tomates étuvées en conserve
125 ml	(½ tasse) de maïs en grains
250 ml	(1 tasse) de haricots noirs en conserve, rincés et égouttés

PRÉPARATION

• Dans une poêle sur feu moyen, chauffer l'huile et y faire revenir l'oignon quelques minutes. Ajouter le bœuf haché et cuire jusqu'à ce qu'il perde sa teinte rosée. Ajouter les graines de coriandre, du piment de Cayenne et du sel. Ajouter les tomates, porter à ébullition, baisser le feu et laisser mijoter 10 minutes.

• Ajouter le maïs et les haricots noirs et poursuivre la cuisson 15 minutes.

Accompagnement suggéré

Une tortilla de maïs ou de blé (**75 Calories**).

Variante 1

Remplacer le bœuf haché par du tofu ferme émietté.

Variante 2

Servir dans un taco.

Variante 3

Ajouter des poivrons rouges ou verts en dés en même temps que les tomates.

Mijoté d'hiver express

énergie 280 kcal	lipides 10 g	glucides 22 g	fibres 3 g	protéines 26 g	sodium 500 mg

1 portion

2,5 ml	(½ c. à thé) de farine
75 g	(2 ½ oz) de bœuf (surlonge), en lanières
5 ml	(1 c. à thé) d'huile d'olive
30 ml	(2 c. à soupe) d'oignon, haché
1	petite pomme de terre, pelée et coupée en dés
½	carotte, en dés
30 ml	(2 c. à soupe) de navet, en dés
125 ml	(½ tasse) de bouillon de bœuf
Au goût	thym, sel et poivre

PRÉPARATION

- Fariner les lanières de bœuf. Dans une poêle sur feu moyen-vif, chauffer l'huile et y colorer les lanières de bœuf de 3 à 4 minutes. Retirer de la poêle et réserver.

- Dans la même poêle sur feu moyen, faire sauter l'oignon jusqu'à ce qu'il commence à colorer. Ajouter la pomme de terre, la carotte et le navet. Cuire de 4 à 5 minutes. Verser le bouillon et assaisonner de thym, de sel et de poivre. Porter à ébullition et baisser le feu au minimum. Laisser mijoter 15 minutes.

- Mettre les lanières de bœuf dans la sauce et réchauffer quelques minutes avant de servir.

2 portions

5 ml	(1 c. à thé) de farine
150 g	(5 oz) de bœuf (surlonge), en lanières
10 ml	(2 c. à thé) d'huile d'olive
60 ml	(¼ tasse) d'oignon, haché
1	grosse pomme de terre, pelée et coupée en dés
1	carotte, en dés
60 ml	(¼ tasse) de navet, en dés
250 ml	(1 tasse) de bouillon de bœuf
Au goût	thym, sel et poivre

Accompagnement suggéré

Salade de chou : 125 ml (½ tasse) de chou râpé, 5 ml (1 c. à thé) d'huile de canola et 1 ml (¼ c. à thé) de vinaigre de cidre (**53 Calories**).

········· *Variante 1* ·········

Remplacer la pomme de terre par une patate douce.

········· *Variante 2* ·········

Remplacer le navet par la même quantité de courge poivrée.

Courge spaghetti, pesto et prosciutto croustillant

énergie 184 kcal	lipides 12 g	glucides 16 g	fibres 4 g	protéines 7 g	sodium 339 mg

1 portion

1	petite courge spaghetti ou ½ de taille moyenne
½	tranche (7,5 g/¼ oz) de prosciutto
15 ml	(1 c. à soupe) de pesto
Au goût	sel et poivre
15 ml	(1 c. à soupe) de fromage parmigiano reggiano, râpé ou en copeaux

PRÉPARATION

• Préchauffer le four à 200 °C (400 °F).

• Couper la courge en deux dans le sens de la longueur et retirer les graines. Déposer sur une plaque de cuisson tapissée de papier sulfurisé (parchemin), côtés coupés sur la plaque. Cuire au four pendant 30 minutes.

• Déposer la tranche de prosciutto sur la plaque, à côté des demi-courges. Poursuivre la cuisson environ 10 minutes, jusqu'à ce que le prosciutto soit légèrement coloré et croustillant.

• Évider les demi-courges en détachant les filaments à l'aide d'une fourchette et les déposer dans un bol. Ajouter le pesto, saler, poivrer et mélanger. Remettre dans les demi-courges évidées si désiré.

• Concasser le prosciutto à la main et le disposer, ainsi que le fromage, sur les spaghettis de courge.

2 portions

1	courge spaghetti de taille moyenne
1	tranche (15 g/½ oz) de prosciutto
30 ml	(2 c. à soupe) de pesto
Au goût	sel et poivre
30 ml	(2 c. à soupe) de fromage parmigiano reggiano, râpé ou en copeaux

Accompagnement suggéré

Salade composée de **250 ml (1 tasse)** de mesclun, de ½ tomate et de 5 olives noires, arrosée de **10 ml (2 c. à thé)** d'huile d'olive et de **5 ml (1 c. à thé)** de vinaigre balsamique (**136 Calories**).

Variante 1

Remplacer le pesto par 125 ml (½ tasse) de sauce marinara.

Variante 2

Garnir de noix de pin grillées.

Escalopes de porc aux épinards et au chèvre

énergie 230 kcal	lipides 13 g	glucides 4 g	fibres 1 g	protéines 23 g	sodium 150 mg

1 portion

250 ml	**(1 tasse)** d'épinards
5 ml	**(1 c. à thé)** d'huile d'olive
15 ml	**(1 c. à soupe)** d'oignon, haché finement
½	gousse d'ail, hachée
	Une pincée de noix de muscade, râpée
Au goût	sel et poivre
20 ml	**(4 c. à thé)** de fromage de chèvre frais
1	escalope de porc de **90 g (3 oz)**
15 ml	**(1 c. à soupe)** de vin blanc
30 ml	**(2 c. à soupe)** de bouillon de légumes ou de poulet

2 portions

500 ml	**(2 tasses)** d'épinards
10 ml	**(2 c. à thé)** d'huile d'olive
30 ml	**(2 c. à soupe)** d'oignon, haché finement
1	petite gousse d'ail, hachée
	Une pincée de noix de muscade, râpée
Au goût	sel et poivre
45 ml	**(3 c. à soupe)** de fromage de chèvre frais
2	escalopes de porc de **90 g (3 oz)** chacune
30 ml	**(2 c. à soupe)** de vin blanc
60 ml	**(¼ tasse)** de bouillon de légumes ou de poulet

PRÉPARATION

- Laver, équeuter et égoutter sommairement les épinards.

- Dans une poêle sur feu moyen, chauffer la moitié de l'huile et y faire sauter l'oignon quelques minutes. Ajouter les épinards, l'ail, la muscade, du sel et du poivre. Poursuivre la cuisson jusqu'à ce que l'eau des épinards soit évaporée, en remuant de temps à autre. Verser dans une passoire et laisser égoutter.

- Dans un petit bol, mélanger le fromage de chèvre et les épinards. Étendre cette préparation sur les escalopes et les rouler. Maintenir à l'aide d'une ficelle de boucherie ou de cure-dents.

- Dans une petite poêle sur feu moyen-vif, chauffer le reste de l'huile et y colorer les escalopes roulées de tous côtés. Déglacer avec le vin et verser le bouillon. Couvrir et poursuivre la cuisson sur feu doux environ 5 minutes. Couper les roulés en deux et les servir avec le jus de cuisson.

Accompagnement suggéré

125 ml (½ tasse) de poivrons colorés et ½ gousse d'ail, hachés, sautés dans 2,5 ml (½ c. à thé) d'huile d'olive (**38 Calories**).

······· *Variante 1* ·······
Remplacer les escalopes de porc par des escalopes de dindon ou de veau.

······· *Variante 2* ·······
Remplacer les épinards par des asperges blanchies et les déposer directement sur le fromage de chèvre préalablement assaisonné et étalé sur les escalopes.

Filet de porc farci aux pommes

énergie 270 kcal	lipides 9 g	glucides 17 g	fibres 2 g	protéines 30 g	sodium 70 mg

1 portion

90 g	(3 oz) de filet de porc
Au goût	sel et poivre
½	pomme
7,5 ml	(½ c. à soupe) de jus de citron
15 ml	(1 c. à soupe) de canneberges séchées
2,5 ml	(½ c. à thé) de cari
5 ml	(1 c. à thé) d'huile d'olive
60 ml	(¼ tasse) de bouillon de légumes

2 portions

180 g	(6 oz) de filet de porc
Au goût	sel et poivre
1	pomme
15 ml	(1 c. à soupe) de jus de citron
30 ml	(2 c. à soupe) de canneberges séchées
5 ml	(1 c. à thé) de cari
10 ml	(2 c. à thé) d'huile d'olive
125 ml	(½ tasse) de bouillon de légumes

PRÉPARATION

- Préchauffer le four à 180 °C (350 °F).

- Ouvrir le filet de porc en portefeuille et l'aplatir à l'aide d'un maillet de cuisine ou d'un rouleau à pâtisserie. Saler et poivrer.

- Peler la pomme et en retirer le cœur et les pépins. Râper et arroser de jus de citron. Dans un saladier, mélanger la pomme, les canneberges et le cari. Répartir la garniture à l'intérieur du filet de porc et refermer. Maintenir en place à l'aide d'une ficelle ou de cure-dents. Saler et poivrer.

- Dans une poêle sur feu vif, chauffer l'huile et y colorer le filet de porc. Ajouter le bouillon et porter à ébullition. Enfourner directement dans la poêle si elle est adaptée ou transférer dans un plat de cuisson adéquat. Cuire environ 20 minutes.

- Réserver le filet de porc dans une assiette et le couvrir de papier d'aluminium, le temps de faire réduire légèrement le jus de cuisson sur la cuisinière, si désiré. Trancher le filet de porc et le servir avec la sauce.

Accompagnement suggéré

125 ml (½ tasse) de pommes en quartiers, sautées dans 5 ml (1 c. à thé) de beurre (66 Calories) ou encore 125 ml (½ tasse) de haricots verts vapeur (23 Calories).

Cuisi-truc

En versant le bouillon dans la poêle et en portant à ébullition, bien racler les sucs de la viande attachés au fond : ils aromatiseront la sauce.

········· *Variante 1* ·········

Remplacer le filet de porc par une poitrine de poulet.

········· *Variante 2* ·········

Faire préalablement sauter le mélange de pomme et de canneberges et arroser d'un filet de lait de coco léger avant d'en garnir le filet de porc.

Sauté de porc à la bette à carde

énergie 240 kcal	lipides 9 g	glucides 8 g	fibres 2 g	protéines 32 g	sodium 760 mg

1 portion

60 ml	(¼ tasse) de bouillon de légumes
7,5 ml	(½ c. à soupe) de sauce soya
5 ml	(1 c. à thé) de jus de citron vert
½	gousse d'ail, hachée
5 ml	(1 c. à thé) de gingembre, râpé
2 à 3	feuilles de bette à carde
5 ml	(1 c. à thé) d'huile d'olive
90 g	(3 oz) de filet de porc, en lanières
Au goût	sel et poivre

PRÉPARATION

- Dans un bol, mélanger le bouillon, la sauce soya, le jus de citron vert, l'ail et le gingembre. Réserver.

- À l'aide d'un petit couteau, séparer les tiges des feuilles de bette à carde. Couper les tiges en tronçons et émincer grossièrement les feuilles. Réserver.

- Dans une poêle sur feu moyen-vif, chauffer l'huile et y faire sauter le porc environ 5 minutes. Retirer de la poêle et réserver.

- Dans la même poêle, faire sauter les tronçons de bette à carde environ 3 minutes. Verser le bouillon aromatisé et porter à ébullition. Laisser réduire quelques minutes avant d'ajouter le porc et les feuilles de bette à carde. Réchauffer, saler, poivrer et servir.

2 portions

125 ml	(½ tasse) de bouillon de légumes
15 ml	(1 c. à soupe) de sauce soya
10 ml	(2 c. à thé) de jus de citron vert
1	gousse d'ail, hachée
10 ml	(2 c. à thé) de gingembre, râpé
5 à 6	feuilles de bette à carde
10 ml	(2 c. à thé) d'huile d'olive
180 g	(6 oz) de filet de porc, en lanières
Au goût	sel et poivre

Accompagnement suggéré

Servir sur un nid de **125 ml (½ tasse)** de nouilles de riz (**101 Calories**).

··········· *Variante 1* ···········

Remplacer le porc par la même quantité de crevettes.

··········· *Variante 2* ···········

Remplacer la bette à carde par des pois mange-tout.

Cuisi-truc

Ajouter les feuilles de bette à carde 2 minutes au maximum avant de servir le sauté de porc afin qu'elles restent bien vertes.

Blanquette de veau légère

énergie 187 kcal	lipides 3 g	glucides 19 g	fibres 1 g	protéines 19 g	sodium 626 mg

1 portion

75 g	(2 ½ oz) de veau, en cubes
	Huile en aérosol
20 ml	(4 c. à thé) d'oignon, haché
20 ml	(4 c. à thé) de vin blanc (facultatif)
180 ml	(¾ tasse) de bouillon de poulet ou de légumes
Au goût	sel et poivre
60 ml	(¼ tasse) de carottes, en dés
60 ml	(¼ tasse) de panais, en dés
60 ml	(¼ tasse) de haricots verts, en tronçons
30 ml	(2 c. à soupe) de lait
7,5 ml	(½ c. à soupe) de fécule de maïs
15 ml	(1 c. à soupe) de persil frais, haché

2 portions

150 g	(5 oz) de veau, en cubes
	Huile en aérosol
45 ml	(3 c. à soupe) d'oignon, haché
45 ml	(3 c. à soupe) de vin blanc (facultatif)
375 ml	(1 ½ tasse) de bouillon de poulet ou de légumes
Au goût	sel et poivre
125 ml	(½ tasse) de carottes, en dés
125 ml	(½ tasse) de panais, en dés
125 ml	(½ tasse) de haricots verts, en tronçons
60 ml	(¼ tasse) de lait
15 ml	(1 c. à soupe) de fécule de maïs
30 ml	(2 c. à soupe) de persil frais, haché

PRÉPARATION

- Déposer les cubes de veau dans une casserole moyenne et les couvrir d'eau froide. Porter à ébullition et laisser frémir de 3 à 5 minutes. Déposer les cubes dans une passoire et rafraîchir sous le robinet d'eau froide.

- Dans la même casserole vaporisée d'huile, sur feu moyen, faire sauter l'oignon quelques minutes. Déglacer avec le vin blanc et laisser réduire de moitié. Verser le bouillon, baisser le feu au minimum et ajouter les cubes de veau. Couvrir et laisser mijoter environ 1 heure ou jusqu'à ce que le veau soit tendre. Saler et poivrer, ajouter les carottes, les panais et les haricots verts et poursuivre la cuisson 10 minutes.

- Dans un petit bol, mélanger le lait et la fécule de maïs et verser dans la casserole. Poursuivre la cuisson en remuant, jusqu'à ce que la sauce soit onctueuse. Saupoudrer de persil au moment de servir.

Note : Blanchir les cubes de veau plutôt que de les faire rissoler réduit la quantité de gras tout en scellant le jus de la viande. De plus, la blanquette sera plus blanche.

Accompagnement suggéré

125 ml (½ tasse) d'un mélange de riz brun et et de riz sauvage garni de **10 ml (2 c. à thé)** de ciboulette ou d'oignon vert ciselé (**103 Calories**).

··········· *Variante 1* ···········

Ajouter 60 ml (¼ tasse) de champignons sautés dans un mince filet d'huile d'olive juste avant d'incorporer la fécule de maïs.

··········· *Variante 2* ···········

Ajouter 30 ml (2 c. à soupe) de jus de citron quelques minutes avant d'incorporer la fécule de maïs. Le jus de citron doit cuire quelques minutes avant qu'on ajoute le lait afin d'empêcher celui-ci de coaguler.

Escalope de veau aux tomates séchées

énergie 249 kcal	lipides 12 g	glucides 2 g	fibres 0,5 g	protéines 23 g	sodium 164 mg

1 portion

1	escalope de veau d'environ 90 g (3 oz)
7,5 ml	(½ c. à soupe) de pesto de tomates séchées
Au goût	sel et poivre
15 g	(½ oz) de fromage de chèvre affiné, en tranches minces
1	feuille de sauge
2,5 ml	(½ c. à thé) d'huile d'olive
45 ml	(3 c. à soupe) de vin blanc

PRÉPARATION

- À l'aide d'un maillet de cuisine ou d'un rouleau à pâtisserie, aplatir les escalopes de veau et les tartiner de pesto. Saler, poivrer, déposer les tranches de fromage et rouler les escalopes. Déposer une feuille de sauge sur chacun des rouleaux et maintenir en place à l'aide d'une ficelle de boucherie ou de cure-dents.

- Dans une petite poêle sur feu moyen-vif, chauffer l'huile et y faire colorer les rouleaux de tous côtés. Déglacer avec le vin, baisser le feu au minimum, couvrir et poursuivre la cuisson environ 5 minutes. Laisser réduire le jus de cuisson si nécessaire. Couper les roulés en deux et servir avec le jus de cuisson.

2 portions

2	escalopes de veau d'environ 90 g (3 oz) chacune
15 ml	(1 c. à soupe) de pesto de tomates séchées
Au goût	sel et poivre
30 g	(1 oz) de fromage de chèvre affiné, en tranches minces
2	feuilles de sauge
5 ml	(1 c. à thé) d'huile d'olive
90 ml	(6 c. à soupe) de vin blanc

Accompagnement suggéré

Salade composée de **125 ml (½ tasse)** de cœurs d'artichauts égouttés et coupés en quartiers et de **5** olives noires dénoyautées et tranchées, arrosée de **10 ml (2 c. à thé)** d'huile d'olive et de **5 ml (1 c. à thé)** de vinaigre balsamique (**159 Calories**).

.... *Variante 1* ....
Remplacer le pesto de tomates séchées par une tapenade d'olives noires.

.... *Variante 2* ....
Servir les escalopes avec des rapinis sautés à l'ail.

Moussaka au veau

énergie 186 kcal	lipides 7 g	glucides 18 g	fibres 9 g	protéines 15 g	sodium 115 mg

1 portion

½	aubergine moyenne, coupée en deux sur la longueur
½	gousse d'ail, tranchée
2,5 ml	**(½ c. à thé)** d'huile d'olive
Au goût	sel et poivre
	Huile en aérosol
60 g	**(2 oz)** de veau haché maigre
15 ml	**(1 c. à soupe)** d'oignon, haché
	Une pincée de cannelle, moulue
	Une pincée de muscade, râpée
45 ml	**(3 c. à soupe)** de tomates concassées, en conserve

2 portions

1	aubergine moyenne, coupée en deux sur la longueur
1	gousse d'ail, tranchée
5 ml	**(1 c. à thé)** d'huile d'olive
Au goût	sel et poivre
	Huile en aérosol
120 g	**(4 oz)** de veau haché maigre
30 ml	**(2 c. à soupe)** d'oignon, haché
	Une pincée de cannelle, moulue
	Une pincée de muscade, râpée
90 ml	**(6 c. à soupe)** de tomates concassées, en conserve

PRÉPARATION

• Préchauffer le four à 200 °C (400 °F).

• À l'aide d'un petit couteau, entailler la chair des demi-aubergines en croisillons et y insérer les tranches d'ail. Arroser d'huile d'olive et assaisonner de sel et de poivre. Déposer sur une plaque de cuisson et cuire au four pendant environ 30 minutes ou jusqu'à ce que la chair de l'aubergine soit tendre. Laisser reposer de 5 à 10 minutes, puis les évider à l'aide d'une cuillère en prenant soin de conserver les pelures entières. Hacher grossièrement la chair d'aubergine et l'ail qui aura confit.

• Entre-temps, dans une poêle vaporisée d'huile, sur feu moyen, faire rissoler le veau haché, l'oignon, la cannelle et la muscade pendant 5 minutes. Ajouter les tomates concassées, saler, poivrer et poursuivre la cuisson 10 minutes.

• Ajouter la chair de l'aubergine et l'ail dans la poêle et mélanger. Déposer le mélange dans les demi-aubergines évidées et réchauffer au four 10 minutes.

Accompagnement suggéré

125 ml (½ tasse) de poivrons de différentes couleurs et 10 ml (2 c. à thé) d'oignon vert ciselé, sautés dans 5 ml (1 c. à thé) d'huile d'olive **(58 Calories)**.

············ *Variante 1* ············

Ajouter 30 ml (2 c. à soupe) de mozzarella râpée avant de mettre au four et gratiner.

············ *Variante 2* ············

Déglacer avec 30 ml (2 c. à soupe) de vin blanc lorsque la viande aura rissolé.

Aiglefin à la thaïlandaise

énergie 112 kcal   lipides 2 g   glucides 4 g   fibres 1 g   protéines 18 g   sodium 118 mg

1 portion

1	filet d'aiglefin de **90 g (3 oz)**
7,5 ml	**(½ c. à soupe)** de coriandre fraîche, hachée

Marinade

30 ml	**(2 c. à soupe)** de lait de coco léger
5 ml	**(1 c. à thé)** de sauce de poisson (nuoc-mam)
	Le jus de ½ citron vert
1 ml	**(¼ c. à thé)** de sambal œlek
30 ml	**(2 c. à soupe)** de poivron rouge, en dés
½	oignon vert, émincé
5 ml	**(1 c. à thé)** de gingembre frais, râpé
Au goût	sel et poivre

2 portions

2	filets d'aiglefin de **90 g (3 oz)** chacun
15 ml	**(1 c. à soupe)** de coriandre fraîche, hachée

Marinade

60 ml	**(¼ tasse)** de lait de coco léger
10 ml	**(2 c. à thé)** de sauce de poisson (nuoc-mam)
	Le jus de 1 citron vert
2,5 ml	**(½ c. à thé)** de sambal œlek
60 ml	**(¼ tasse)** de poivron rouge, en dés
1	oignon vert, émincé
10 ml	**(2 c. à thé)** de gingembre frais, râpé
Au goût	sel et poivre

PRÉPARATION

- Préchauffer le four à 190 °C (375 °F).

- Déposer les filets d'aiglefin dans un petit plat allant au four.

- Mélanger tous les ingrédients de la marinade et en napper le poisson. Cuire au four pendant 15 minutes. Garnir de coriandre et servir.

Accompagnement suggéré

125 ml (½ tasse) de nouilles de riz (**101 Calories**).

········ *Variante 1* ········

Remplacer l'aiglefin par de la morue.

········ *Variante 2* ········

Remplacer le poisson par une escalope de poulet et allonger le temps de cuisson de 5 minutes.

Crevettes sautées au gingembre

énergie 190 kcal	lipides 8 g	glucides 10 g	fibres 1 g	protéines 20 g	sodium 550 mg

1 portion

5 ml	(1 c. à thé) d'huile de canola
½	gousse d'ail, hachée
7,5 ml	(½ c. à soupe) de gingembre, râpé
6	crevettes moyennes (31-40), crues et décortiquées
7,5 ml	(½ c. à soupe) de sauce soya
5 ml	(1 c. à thé) de miel
15 ml	(1 c. à soupe) d'oignon vert, émincé
7,5 ml	(½ c. à soupe) de graines de sésame, grillées
Au goût	sel et poivre

2 portions

10 ml	(2 c. à thé) d'huile de canola
1	gousse d'ail, hachée
15 ml	(1 c. à soupe) de gingembre, râpé
12	crevettes moyennes (31-40), crues et décortiquées
15 ml	(1 c. à soupe) de sauce soya
10 ml	(2 c. à thé) de miel
30 ml	(2 c. à soupe) d'oignon vert, émincé
15 ml	(1 c. à soupe) de graines de sésame, grillées
Au goût	sel et poivre

PRÉPARATION

- Dans un wok ou une grande poêle sur feu moyen-vif, chauffer l'huile et y faire revenir l'ail et le gingembre 1 minute. Ajouter les crevettes et poursuivre la cuisson jusqu'à ce qu'elles deviennent roses, environ 2 minutes de chaque côté. Ajouter la sauce soya et le miel, et poursuivre la cuisson 2 minutes.

- Garnir d'oignon vert et de graines de sésame.

Accompagnement suggéré

125 ml (½ tasse) de pois mange-tout vapeur (36 Calories).

········· *Variante 1* ·········
Hacher et faire sauter des légumes variés, au choix (haricots verts fins, champignons shiitakes, poivron rouge…), 3 minutes et les ajouter aux crevettes.

········· *Variante 2* ·········
Remplacer les crevettes par de fines lanières de porc.

Cari de lotte et de courge musquée

énergie 237 kcal	lipides 7 g	glucides 25 g	fibres 4 g	protéines 21 g	sodium 308 mg

1 portion

5 ml	(1 c. à thé) d'huile d'olive
2,5 ml	(½ c. à thé) de farine
90 g	(3 oz) de lotte, parée et coupée en cubes
15 ml	(1 c. à soupe) d'oignon, haché
½	petite gousse d'ail, hachée
2,5 ml	(½ c. à thé) de poudre de cari
180 ml	(¾ tasse) de courge musquée, en dés
60 ml	(¼ tasse) de poivron rouge, en dés
80 ml	(⅓ tasse) de bouillon de poulet
20 ml	(4 c. à thé) de lait de coco léger
5 ml	(1 c. à thé) de pâte de tomate
Au goût	sel et poivre

2 portions

10 ml	(2 c. à thé) d'huile d'olive
5 ml	(1 c. à thé) de farine
180 g	(6 oz) de lotte, parée et coupée en cubes
30 ml	(2 c. à soupe) d'oignon, haché
1	gousse d'ail, hachée
5 ml	(1 c. à thé) de poudre de cari
375 ml	(1 ½ tasse) de courge musquée, en dés
125 ml	(½ tasse) de poivron rouge, en dés
160 ml	(⅔ tasse) de bouillon de poulet
45 ml	(3 c. à soupe) de lait de coco léger
10 ml	(2 c. à thé) de pâte de tomate
Au goût	sel et poivre

PRÉPARATION

• Dans une poêle sur feu moyen, chauffer l'huile. Fariner les cubes de lotte et les dorer quelques minutes. Retirer de la poêle et réserver.

• Dans la même poêle, cuire l'oignon, l'ail et la poudre de cari jusqu'à ce que l'oignon soit tendre. Ajouter la courge musquée, le poivron rouge, le bouillon de poulet, le lait de coco et la pâte de tomate. Couvrir et laisser mijoter sur feu doux 10 minutes. Remettre la lotte dans la poêle et poursuivre la cuisson 5 minutes. Saler et poivrer.

Accompagnement suggéré

125 ml (½ tasse) de riz basmati (**110 Calories**).

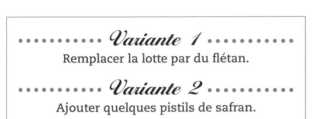

·········· *Variante 1* ··········
Remplacer la lotte par du flétan.

·········· *Variante 2* ··········
Ajouter quelques pistils de safran.

Filet de tilapia en croûte de germe de blé

énergie 282 kcal	lipides 11 g	glucides 16 g	fibres 3 g	protéines 32 g	sodium 96 mg

1 portion

1	petit œuf
30 ml	(2 c. à soupe) de germe de blé, grillé
Au goût	sel et poivre
1	filet de tilapia de 120 g (4 oz)
5 ml	(1 c. à thé) de farine
2,5 ml	(½ c. à thé) d'huile d'olive

Salsa d'ananas

60 ml	(¼ tasse) d'ananas, en dés
15 ml	(1 c. à soupe) de poivron rouge, en dés
7,5 ml	(½ c. à soupe) de coriandre fraîche, ciselée
5 ml	(1 c. à thé) de jus de citron vert
2,5 ml	(½ c. à thé) d'huile d'olive
Au goût	sel et poivre

2 portions

1	gros œuf
60 ml	(¼ tasse) de germe de blé, grillé
Au goût	sel et poivre
2	filets de tilapia de 120 g (4 oz) chacun
10 ml	(2 c. à thé) de farine
5 ml	(1 c. à thé) d'huile d'olive

Salsa d'ananas

125 ml	(½ tasse) d'ananas en dés
30 ml	(2 c. à soupe) de poivron rouge, en dés
15 ml	(1 c. à soupe) de coriandre fraîche, ciselée
10 ml	(2 c. à thé) de jus de citron vert
5 ml	(1 c. à thé) d'huile d'olive
Au goût	sel et poivre

PRÉPARATION

- Mélanger tous les ingrédients de la salsa. Laisser macérer.

- Dans une assiette creuse, fouetter l'œuf. Dans une autre assiette creuse, déposer le germe de blé. Saler et poivrer les filets de tilapia et les saupoudrer de farine. Secouer pour en retirer l'excédent. Tremper les filets de tilapia dans l'œuf, égoutter puis enrober de germe de blé.

- Dans une poêle sur feu moyen-vif, chauffer l'huile et y cuire les filets de tilapia 2 minutes de chaque côté. Servir avec la salsa d'ananas.

Accompagnement suggéré

125 ml (½ tasse) de riz blanc (109 Calories).

········· *Variante 1* ·········
Remplacer les ananas de la salsa
par des mangues.

········· *Variante 2* ·········
Remplacer le germe de blé par des noix
concassées et n'enrober qu'un côté des filets.

Filet de truite au fenouil

énergie 210 kcal	lipides 11 g	glucides 7 g	fibres 3 g	protéines 20 g	sodium 80 mg

1 portion

5 ml	(1 c. à thé) d'huile d'olive
¼	de bulbe de fenouil, haché finement
1	carré de papier d'aluminium ou de papier sulfurisé (parchemin)
Au goût	sel et poivre
1	filet de truite de **90 g (3 oz)**, sans la peau
1	petite tomate, épépinée et coupée en dés

PRÉPARATION

- Préchauffer le four à 200 °C (400 °F).

- Dans une grande poêle sur feu moyen-vif, chauffer l'huile et y faire sauter le fenouil quelques minutes pour l'attendrir. Déposer dans le papier d'aluminium, saler et poivrer. Ajouter le filet de truite et la tomate. Refermer hermétiquement en papillote. Déposer sur une plaque de cuisson et cuire au four pendant 15 minutes.

2 portions

10 ml	(2 c. à thé) d'huile d'olive
½	bulbe de fenouil, haché finement
2	carrés de papier d'aluminium ou de papier sulfurisé (parchemin)
Au goût	sel et poivre
2	filets de truite de **90 g (3 oz)** chacun, sans la peau
1	tomate, épépinée et coupée en dés

Accompagnement suggéré

125 ml (½ tasse) d'orzo (ou autres petites pâtes) cuit et 125 ml (½ tasse) de légumes en dés, au choix (courgettes, poivrons, carottes, céleri), sautés dans 5 ml (1 c. à thé) d'huile d'olive. Garnir de 5 ml (1 c. à thé) de persil frais, haché (170 Calories).

··········· *Variante 1* ···········
Relever le poisson de zestes de citron.

··········· *Variante 2* ···········
Verser quelques gouttes de pastis sur le poisson.

Flétan grillé et sa salsa exotique

énergie 140 kcal	lipides 4,5 g	glucides 7 g	fibres 1 g	protéines 19 g	sodium 50 mg

1 portion

Au goût	sel et poivre
1	filet de flétan de 90 g (3 oz)
7,5 ml	(½ c. à soupe) de persil plat, haché

Salsa

60 ml	(¼ tasse) de papaye, en dés
15 ml	(1 c. à soupe) de poivron rouge, en dés
½	échalote française, hachée
	Le jus de ½ citron vert
2,5 ml	(½ c. à thé) d'huile d'olive
Au goût	sel et poivre

PRÉPARATION

- Dans un petit bol, mélanger tous les ingrédients de la salsa.

- Préchauffer le barbecue à température élevée. Huiler la grille.

- Saler et poivrer le flétan et le déposer sur la grille. Cuire 4 minutes de chaque côté. Déposer le flétan dans une assiette et accompagner de salsa. Garnir de persil.

2 portions

Au goût	sel et poivre
2	filets de flétan de 90 g (3 oz) chacun
15 ml	(1 c. à soupe) de persil plat, haché

Salsa

125 ml	(½ tasse) de papaye, en dés
30 ml	(2 c. à soupe) de poivron rouge, en dés
1	échalote française, hachée
	Le jus de 1 citron vert
5 ml	(1 c. à thé) d'huile d'olive
Au goût	sel et poivre

Accompagnement suggéré

125 ml (½ tasse) de riz blanc (109 Calories).

> •••••••••• *Variante 1* ••••••••••
>
> Remplacer la papaye par des ananas ou des mangues.
>
> •••••••••• *Variante 2* ••••••••••
>
> Remplacer le flétan par du poulet.

Cuisi-truc

Il est aussi possible de griller le poisson au four: allumer le gril du four. Déposer le poisson sur une plaque de cuisson tapissée de papier d'aluminium, le badigeonner légèrement d'huile d'olive, saler et poivrer. Placer la plaque sur la grille supérieure du four.

Linguines au saumon fumé, sauce vierge

énergie 350 kcal	lipides 10 g	glucides 47 g	fibres 7 g	protéines 18 g	sodium 370 mg

1 portion

1	tomate, épépinée et coupée en dés
½	échalote française, hachée
½	gousse d'ail, hachée
20 ml	(4 c. à thé) de basilic frais, ciselé
20 ml	(4 c. à thé) de persil frais, haché
5 ml	(1 c. à thé) de jus de citron
7,5 ml	(½ c. à soupe) d'huile d'olive
250 ml	(1 tasse) de linguines, cuits et chauds
45 g	(1 ½ oz) de saumon fumé, haché
Au goût	sel et poivre

2 portions

2	tomates, épépinées et coupées en dés
1	petite échalote française, hachée
1	gousse d'ail, hachée
45 ml	(3 c. à soupe) de basilic frais, ciselé
45 ml	(3 c. à soupe) de persil frais, haché
10 ml	(2 c. à thé) de jus de citron
15 ml	(1 c. à soupe) d'huile d'olive
500 ml	(2 tasses) de linguines, cuits et chauds
90 g	(3 oz) de saumon fumé, haché
Au goût	sel et poivre

PRÉPARATION

- Dans un bol, mélanger la tomate, l'échalote, l'ail, le basilic, le persil et le jus de citron. Réserver.

- Dans une poêle sur feu moyen, chauffer l'huile d'olive. Ajouter les pâtes et le saumon fumé, et réchauffer 2 minutes. Ajouter la préparation à la tomate, saler et poivrer. Réchauffer 1 minute.

Accompagnement suggéré

125 ml (½ tasse) de courgette en dés et 5 ml (1 c. à thé) de zeste de citron, sautés dans 5 ml (1 c. à thé) d'huile d'olive (53 Calories).

> •••••••••• *Variante 1* ••••••••••
> Remplacer le saumon fumé par du saumon frais cuit à la vapeur et défait à la fourchette.
>
> •••••••••• *Variante 2* ••••••••••
> Ajouter quelques copeaux de parmesan.

Moules au parfum malgache

énergie 310 kcal	lipides 11 g	glucides 16 g	fibres 1 g	protéines 37 g	sodium 920 mg

1 portion

5 ml	(1 c. à thé) d'huile d'olive
½	échalote française, hachée
½	gousse d'ail, hachée
5 ml	(1 c. à thé) de grains de poivre vert en saumure, rincés et écrasés
20 ml	(4 c. à thé) de vin blanc
20 ml	(4 c. à thé) de tomates en dés en conserve, avec le jus
Au goût	sel et poivre
1 kg	(2 lb) de moules, nettoyées et ébarbées
15 ml	(1 c. à soupe) de persil frais, haché

2 portions

10 ml	(2 c. à thé) d'huile d'olive
1	petite échalote française, hachée
1	petite gousse d'ail, hachée
10 ml	(2 c. à thé) de grains de poivre vert en saumure, rincés et écrasés
45 ml	(3 c. à soupe) de vin blanc
45 ml	(3 c. à soupe) de tomates en dés en conserve, avec le jus
Au goût	sel et poivre
2 kg	(4 lb) de moules, nettoyées et ébarbées
30 ml	(2 c. à soupe) de persil frais, haché

PRÉPARATION

• Dans une grande casserole sur feu moyen, chauffer l'huile et y faire suer l'échalote, l'ail et le poivre vert 3 minutes. Déglacer avec le vin blanc. Ajouter les dés de tomates, saler, poivrer et porter à ébullition. Déposer les moules dans la casserole, couvrir et, en secouant la casserole de temps à autre, cuire environ 8 minutes, jusqu'à ce que toutes les moules soient ouvertes. Garnir de persil.

Accompagnement suggéré

Frites : couper **125 ml (½ tasse)** de pommes de terre et **125 ml (½ tasse)** de carottes en bâtonnets (plus minces pour les carottes), les enduire de **5 ml (1 c. à thé)** d'huile d'olive, saler et poivrer. Déposer sur une plaque de cuisson tapissée de papier sulfurisé (parchemin) et cuire au four à 230 °C (450 °F) environ 20 minutes en les retournant de temps à autre **(114 Calories)**.

······· *Variante 1* ·······
Servir avec une salade composée de 250 ml (1 tasse) de légumes variés en julienne, d'herbes fraîches au goût et d'une vinaigrette légère.

······· *Variante 2* ·······
Remplacer les dés de tomates par 30 ml (2 c. à soupe) de lait de coco léger.

Papillote de mahi-mahi, tomates séchées et feta

énergie 223 kcal	lipides 13 g	glucides 1 g	fibres 0,2 g	protéines 25 g	sodium 530 mg

1 portion

5 ml	**(1 c. à thé)** d'huile d'olive
1	carré de papier d'aluminium ou de papier sulfurisé (parchemin)
1	filet de mahi-mahi de **100 g (3 ⅓ oz)**
25 g	**(1 oz)** de fromage feta allégé (13 % m. g.), émietté
1	tomate séchée au soleil, hachée finement
Au goût	thym et poivre

2 portions

10 ml	**(2 c. à thé)** d'huile d'olive
2	carrés de papier d'aluminium ou de papier sulfurisé (parchemin)
2	filets de mahi-mahi de **100 g (3 ⅓ oz)** chacun
50 g	**(2 oz)** de fromage feta allégé (13 % m. g.), émietté
2	tomates séchées au soleil, hachées finement
Au goût	thym et poivre

PRÉPARATION

- Préchauffer le four à 200 °C (400 °F).

- Huiler légèrement le papier d'aluminium et y déposer le filet de mahi-mahi. Poivrer et arroser du reste d'huile d'olive. Répartir la feta, la tomate séchée, du thym et du poivre sur le poisson.

- Refermer hermétiquement en papillote, déposer sur une plaque de cuisson et cuire au four de 15 à 20 minutes.

Accompagnement suggéré

Salade composée de **125 ml (½ tasse)** de fenouil émincé et de 4 olives noires, arrosée de **10 ml (2 c. à thé)** d'huile d'olive et de 5 ml (1 c. à thé) de vinaigre de vin blanc (**117 Calories**).

·········· *Variante 1* ··········

Ajouter des poireaux émincés finement.

·········· *Variante 2* ··········

Servir avec des rapinis relevés de zeste de citron.

Papillote de poisson blanc aux légumes

énergie 143 kcal	lipides 6 g	glucides 4 g	fibres 1 g	protéines 19 g	sodium 59 mg

1 portion

5 ml	**(1 c. à thé)** d'huile d'olive
1	carré de papier d'aluminium ou de papier sulfurisé (parchemin)
1	filet de morue de **100 g (3 ⅓ oz)**
Au goût	sel et poivre
60 ml	**(¼ tasse)** de poivron rouge, en dés
60 ml	**(¼ tasse)** de courgette, en dés
½	gousse d'ail, émincée
1	petite pincée de piment d'Espelette

2 portions

10 ml	**(2 c. à thé)** d'huile d'olive
2	carrés de papier d'aluminium ou de papier sulfurisé (parchemin)
2	filets de morue de **100 g (3 ⅓ oz)** chacun
Au goût	sel et poivre
125 ml	**(½ tasse)** de poivron rouge, en dés
125 ml	**(½ tasse)** de courgette, en dés
1	gousse d'ail, émincée
1	pincée de piment d'Espelette

PRÉPARATION

- Préchauffer le four à 200 °C (400 °F).

- Huiler légèrement le papier d'aluminium et y déposer le filet de morue. Saler et poivrer. Arroser du reste de l'huile et répartir le poivron, la courgette et l'ail sur le poisson. Saupoudrer de piment d'Espelette.

- Refermer hermétiquement en papillote, déposer sur une plaque de cuisson et cuire au four pendant 20 minutes.

Accompagnement suggéré

125 ml (½ tasse) de quinoa cuit dans du bouillon de légumes (**98 Calories**).

········· *Variante 1* ·········
Remplacer la morue par du tilapia ou de l'aiglefin. Réduire alors le temps de cuisson à 15 minutes.

········· *Variante 2* ·········
Ajouter dans la papillote quelques anchois hachés finement.

········· *Variante 3* ·········
Ajouter dans la papillote 60 ml (¼ tasse) de blanc de poireau finement émincé.

Pétoncles saisis sur salade de mâche

énergie 110 kcal	lipides 6 g	glucides 4 g	fibres 1 g	protéines 11 g	sodium 116 mg

1 portion

Au goût	sel et poivre
3	gros pétoncles
	Huile en aérosol
250 ml	(1 tasse) de mâche
30 ml	(2 c. à soupe) de poivron rouge, en dés

Vinaigrette

5 ml	(1 c. à thé) d'huile d'olive
1 ml	(¼ c. à thé) de vinaigre de vin
	Le zeste de ½ orange
5 ml	(1 c. à thé) de persil, ciselé
Au goût	sel et poivre

2 portions

Au goût	sel et poivre
6	gros pétoncles
	Huile en aérosol
500 ml	(2 tasses) de mâche
60 ml	(¼ tasse) de poivron rouge, en dés

Vinaigrette

10 ml	(2 c. à thé) d'huile d'olive
2,5 ml	(½ c. à thé) de vinaigre de vin
	Le zeste de 1 orange
10 ml	(2 c. à thé) de persil, ciselé
Au goût	sel et poivre

PRÉPARATION

- Mélanger tous les ingrédients de la vinaigrette. Réserver.

- Saler et poivrer les pétoncles. Dans une poêle striée vaporisée d'huile, sur feu moyen-vif, cuire les pétoncles 2 minutes de chaque côté.

- Mélanger la mâche et les poivrons rouges. Arroser de vinaigrette et déposer dans une assiette. Ajouter les pétoncles grillés.

············· *Variante 1* ·············
Ajouter les suprêmes de 1 orange.

············· *Variante 2* ·············
Remplacer la mâche par un mesclun.

Quinoa aux crevettes et à la noix de coco

énergie 261 kcal	lipides 7 g	glucides 28 g	fibres 4 g	protéines 21 g	sodium 524 mg

1 portion

180 ml	**(¾ tasse)** de quinoa, cuit dans du bouillon de légumes
½	oignon vert, haché
15 ml	**(1 c. à soupe)** de céleri, haché
75 g	**(2 ½ oz)** de crevettes nordiques
	Le jus de **½** citron vert
Au goût	Sel et poivre
15 ml	**(1 c. à soupe)** de noix de coco râpée, non sucrée

PRÉPARATION

- Dans un bol, mélanger le quinoa, l'oignon vert et le céleri.

- Arroser les crevettes de jus de citron vert, saler et poivrer.

- À l'aide d'un emporte-pièce, déposer un nid de quinoa dans une assiette et ajouter les crevettes sur le dessus. Garnir de noix de coco.

2 portions

375 ml	**(1 ½ tasse)** de quinoa, cuit dans du bouillon de légumes
1	oignon vert, haché
30 ml	**(2 c. à soupe)** de céleri, haché
150 g	**(5 oz)** de crevettes nordiques
	Le jus de **1** citron vert
Au goût	Sel et poivre
30 ml	**(2 c. à soupe)** de noix de coco râpée, non sucrée

Accompagnement suggéré

Salade composée de **125 ml (½ tasse)** de mangue et **30 ml (2 c. à soupe)** de poivron rouge, arrosée de **10 ml (2 c. à thé)** d'huile d'olive et de **5 ml (1 c. à thé)** de jus de citron vert (**146 Calories**).

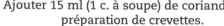

·········· *Variante 1* ··········
Remplacer le quinoa par du riz basmati.

·········· *Variante 2* ··········
Ajouter 15 ml (1 c. à soupe) de coriandre à la préparation de crevettes.

Saumon à la vapeur de citron et gremolata

énergie 210 kcal	lipides 12 g	glucides 7 g	fibres 3 g	protéines 19 g	sodium 230 mg

1 portion

½	citron
1	filet de saumon de **90 g (3 oz)**
Au goût	sel et poivre
10 ml	(**2 c. à thé**) de câpres, rincées, égouttées et hachées

Gremolata

7,5 ml	(**½ c. à soupe**) de zeste de citron
15 ml	(**1 c. à soupe**) de persil frais, haché
¼	gousse d'ail, hachée
1 ml	(**¼ c. à thé**) de jus de citron
2,5 ml	(**½ c. à thé**) d'huile d'olive

PRÉPARATION

- Prélever le zeste du citron et le réserver. Couper le citron en tranches.

- Étaler les ⅔ des tranches de citron dans un panier pour cuisson à la vapeur et y déposer le filet de saumon. Saler et poivrer. Ajouter le zeste réservé, les câpres et le reste des tranches de citron. Déposer le panier sur une casserole d'eau frémissante, couvrir et cuire à la vapeur environ 8 minutes.

- Entre-temps, dans un petit bol, mélanger tous les ingrédients de la gremolata.

- Servir le saumon accompagné de la gremolata.

2 portions

1	citron
2	filets de saumon de **90 g (3 oz)** chacun
Au goût	sel et poivre
20 ml	(**4 c. à thé**) de câpres, rincées, égouttées et hachées

Gremolata

15 ml	(**1 c. à soupe**) de zeste de citron
30 ml	(**2 c. à soupe**) de persil frais, haché
½	gousse d'ail, hachée
2,5 ml	(**½ c. à thé**) de jus de citron
5 ml	(**1 c. à thé**) d'huile d'olive

Accompagnement suggéré

250 ml (**1 tasse**) de haricots verts et **1** petite échalote française hachée finement, cuits à la vapeur ou sautés dans **5 ml (1 c. à thé)** d'huile d'olive (**99 Calories**).

········· *Variante 1* ·········
Remplacer le citron par une orange, tant pour le poisson que pour la gremolata.

········· *Variante 2* ·········
Ajouter à la gremolata 10 ml (2 c. à thé) d'amandes tranchées, grillées et écrasées.

Saumon asiatique à l'érable

énergie 328 kcal	lipides 18 g	glucides 15 g	fibres 0,3 g	protéines 25 g	sodium 593 mg

1 portion

15 ml	(1 c. à soupe) de sirop d'érable
7,5 ml	(½ c. à soupe) de sauce soya
1 ml	(¼ c. à thé) d'huile de sésame
½	gousse d'ail, hachée
1	filet de saumon de 120 g (4 oz)
Au goût	sel et poivre
2,5 ml	(½ c. à thé) de graines de sésame, grillées

2 portions

30 ml	(2 c. à soupe) de sirop d'érable
15 ml	(1 c. à soupe) de sauce soya
2,5 ml	(½ c. à thé) d'huile de sésame
1	gousse d'ail, hachée
2	filets de saumon de 120 g (4 oz) chacun
Au goût	sel et poivre
5 ml	(1 c. à thé) de graines de sésame, grillées

PRÉPARATION

• Préchauffer le four à 200 °C (400 °F).

• Dans un bol, mélanger le sirop d'érable, la sauce soya, l'huile de sésame et l'ail.

• Déposer les filets de poisson dans un plat de cuisson tapissé de papier sulfurisé (parchemin) et badigeonner de la sauce. Saler et poivrer.

• Cuire au four pendant 15 minutes. Garnir de graines de sésame et servir.

Accompagnement suggéré

125 ml (½ tasse) de mini-bok-choys et ½ gousse d'ail émincée, sautés dans 2,5 ml (½ c. à thé) d'huile (31 Calories).

········· *Variante 1* ·········
Remplacer le saumon par du mahi-mahi ou du flétan.

········· *Variante 2* ·········
Ajouter 2,5 ml (½ c. à thé) de gingembre râpé à la sauce.

Chili végé

| énergie 320 kcal | lipides 6 g | glucides 54 g | fibres 13 g | protéines 14 g | sodium 660 mg |

1 portion

5 ml	(1 c. à thé) d'huile d'olive
15 ml	(1 c. à soupe) d'oignon rouge, en dés
½	gousse d'ail, hachée
½	poivron vert, en dés
30 ml	(2 c. à soupe) de céleri, en dés
160 ml	(⅔ tasse) de fèves rouges en conserve, rincées et égouttées
½	boîte de **540 ml (19 oz)** de tomates étuvées
2,5 ml	(½ c. à thé) de sucre
1 ml	(¼ c. à thé) de piment de Cayenne, ou plus
2,5 ml	(½ c. à thé) d'origan séché

2 portions

10 ml	(2 c. à thé) d'huile d'olive
30 ml	(2 c. à soupe) d'oignon rouge, en dés
1	gousse d'ail, hachée
1	poivron vert, en dés
60 ml	(¼ tasse) de céleri, en dés
320 ml	(1 ⅓ tasse) de fèves rouges en conserve, rincées et égouttées
540 ml	(19 oz) de tomates étuvées, en conserve
5 ml	(1 c. à thé) de sucre
2,5 ml	(½ c. à thé) de piment de Cayenne, ou plus
5 ml	(1 c. à thé) d'origan séché

PRÉPARATION

• Dans une casserole sur feu moyen, chauffer l'huile d'olive et y faire revenir l'oignon 3 minutes. Ajouter le reste des ingrédients et porter à ébullition. Baisser le feu et laisser mijoter de 30 à 40 minutes.

Accompagnement suggéré

125 ml (½ tasse) de riz brun (115 Calories).

········· *Variante 1* ·········
Ajouter 100 g (3 ½ oz) de tofu émietté pour augmenter la teneur en protéines.

········· *Variante 2* ·········
Garnir le chili de cheddar allégé râpé au moment de servir.

Frittata aux légumes grillés

énergie 240 kcal	lipides 16 g	glucides 5 g	fibres 0 g	protéines 20 g	sodium 250 mg

1 portion

2,5 ml	(½ c. à thé) d'huile d'olive
½	échalote française, hachée
30 ml	(2 c. à soupe) de poivron rouge, en dés
30 ml	(2 c. à soupe) de courgette, en dés
2	œufs moyens
15 ml	(1 c. à soupe) de lait
Au goût	sel et poivre
25 g	(1 oz) de mozzarella allégée

PRÉPARATION

• Préchauffer le gril du four.

• Dans une petite poêle sur feu moyen, chauffer l'huile d'olive et y faire sauter l'échalote, le poivron et la courgette quelques minutes.

• Dans un petit bol, fouetter les œufs et le lait. Saler, poivrer et verser sur les légumes. Cuire à feu doux jusqu'à ce que les œufs soient pris. Garnir de fromage et passer sous le gril jusqu'à ce qu'il colore légèrement.

2 portions

5 ml	(1 c. à thé) d'huile d'olive
1	échalote française, hachée
60 ml	(¼ tasse) de poivron rouge, en dés
60 ml	(¼ tasse) de courgette, en dés
4	œufs moyens
30 ml	(2 c. à soupe) de lait
Au goût	sel et poivre
50 g	(2 oz) de mozzarella allégée

Accompagnement suggéré

Salade composée de 125 ml (½ tasse) de minitomates coupées en deux, de 125 ml (½ tasse) de concombre en dés et de 15 ml (1 c. à soupe) de ciboulette ciselée, arrosée de 10 ml (2 c. à thé) d'huile d'olive et 2,5 ml (½ c. à thé) de vinaigre de cidre (111 Calories).

•••••••••• *Variante 1* ••••••••••
Remplacer les courgettes par des petits bouquets de brocoli.

•••••••••• *Variante 2* ••••••••••
Ajouter 15 ml (1 c. à soupe) d'herbes fraîches, au goût (basilic, persil, cerfeuil, ciboulette).

Fusillis au tofu et au pesto

énergie 350 kcal	lipides 11 g	glucides 47 g	fibres 3 g	protéines 16 g	sodium 100 mg

1 portion

	Huile en aérosol
15 ml	(1 c. à soupe) d'oignon, haché
60 ml	(¼ tasse) de brocoli, coupé en petits bouquets et blanchi
60 ml	(¼ tasse) de poivron rouge, en dés
50 g	(1 ¾ oz) de tofu ferme, en dés
250 ml	(1 tasse) de fusillis, cuits
Au goût	sel et poivre
15 ml	(1 c. à soupe) de pesto
30 ml	(2 c. à soupe) de ricotta légère (4 % m. g.)

2 portions

	Huile en aérosol
30 ml	(2 c. à soupe) d'oignon, haché
125 ml	(½ tasse) de brocoli, coupé en petits bouquets et blanchi
125 ml	(½ tasse) de poivron rouge, en dés
100 g	(3 ⅓ oz) de tofu ferme, en dés
500 ml	(2 tasses) de fusillis, cuits
Au goût	sel et poivre
30 ml	(2 c. à soupe) de pesto
60 ml	(¼ tasse) de ricotta légère (4 % m. g.)

PRÉPARATION

- Dans une grande poêle vaporisée d'huile, sur feu moyen, faire revenir l'oignon, le brocoli et le poivron de 3 à 4 minutes. Ajouter les dés de tofu et les fusillis pour les réchauffer. Saler et poivrer.

- Dans un petit bol, mélanger le pesto et la ricotta. Verser dans les pâtes et mélanger.

Accompagnement suggéré

250 ml (1 tasse) de roquette, arrosée de 10 ml (2 c. à thé) d'huile d'olive et de 2,5 ml (½ c. à thé) de vinaigre balsamique (90 Calories).

········· *Variante 1* ·········
Remplacer le tofu par du poulet cuit.

········· *Variante 2* ·········
Remplacer le pesto par des tomates séchées hachées.

Pâtes aux tomates, au bocconcini et au romarin

énergie 304 kcal	lipides 10 g	glucides 44 g	fibres 5 g	protéines 16 g	sodium 10 mg

1 portion

5 ml	(1 c. à thé) d'huile d'olive
125 ml	(½ tasse) de minitomates, coupées en deux
½	gousse d'ail, hachée
250 ml	(1 tasse) de pennes, cuits
Au goût	sel et poivre
30 g	(1 oz) de bocconcini (3 unités de format cocktail), tranchés
7,5 ml	(½ c. à soupe) de romarin frais, haché, ou 2,5 ml (½ c. à thé) de romarin séché

2 portions

10 ml	(2 c. à thé) d'huile d'olive
250 ml	(1 tasse) de minitomates, coupées en deux
1	gousse d'ail, hachée
500 ml	(2 tasses) de pennes, cuits
Au goût	sel et poivre
60 g	(2 oz) de bocconcini (6 unités de format cocktail), tranchés
15 ml	(1 c. à soupe) de romarin frais, haché, ou 5 ml (1 c. à thé) de romarin séché

PRÉPARATION

- Dans une grande poêle sur feu moyen, chauffer l'huile d'olive et y faire revenir les tomates et l'ail 3 minutes. Ajouter les pennes pour les réchauffer, saler et poivrer. Ajouter le bocconcini et le romarin. Servir immédiatement.

Note : Il est important de ne pas prolonger la cuisson après l'ajout du bocconcini.

Accompagnement suggéré

250 ml (1 tasse) de roquette, arrosée de 10 ml (2 c. à thé) d'huile d'olive et de 2,5 ml (½ c. à thé) de vinaigre balsamique (90 Calories).

··········· *Variante 1* ···········
Remplacer le bocconcini par de la feta.

··········· *Variante 2* ···········
Ajouter 125 ml (½ tasse) de roquette en même temps que le fromage.

Pennes sauce à l'aubergine et aux légumineuses

énergie 317 kcal	lipides 6 g	glucides 58 g	fibres 9 g	protéines 13 g	sodium 224 mg

1 portion

5 ml	(1 c. à thé) d'huile d'olive
45 ml	(3 c. à soupe) d'aubergine, en dés
30 ml	(2 c. à soupe) de courgette, en dés
Au goût	sel et poivre
½	gousse d'ail, hachée
1	petite tomate, épépinée et coupée en dés
60 ml	(¼ tasse) de haricots rouges en conserve, rincés et égouttés
60 ml	(¼ tasse) de jus de légumes
2,5 ml	(½ c. à thé) d'origan séché
1 ml	(¼ c. à thé) de sambal œlek
250 ml	(1 tasse) de pennes, cuits

2 portions

10 ml	(2 c. à thé) d'huile d'olive
90 ml	(6 c. à soupe) d'aubergine, en dés
60 ml	(¼ tasse) de courgette, en dés
Au goût	sel et poivre
1	gousse d'ail, hachée
1	tomate, épépinée et coupée en dés
125 ml	(½ tasse) de haricots rouges en conserve, rincés et égouttés
125 ml	(½ tasse) de jus de légumes
5 ml	(1 c. à thé) d'origan séché
2,5 ml	(½ c. à thé) de sambal œlek
500 ml	(2 tasses) de pennes, cuits

PRÉPARATION

• Dans une grande poêle sur feu moyen, chauffer l'huile d'olive et y faire revenir l'aubergine et la courgette de 4 à 5 minutes. Saler et poivrer. Ajouter l'ail, la tomate, les haricots rouges, le jus de légumes, l'origan et le sambal œlek. Poursuivre la cuisson 10 minutes.

• Ajouter les pâtes à la préparation, mélanger et réchauffer.

Accompagnement suggéré

Salade d'épinards : 250 ml (1 tasse) d'épinards, arrosés de 10 ml (2 c. à thé) d'huile d'olive et de 2,5 ml (½ c. à thé) de vinaigre balsamique (92 Calories).

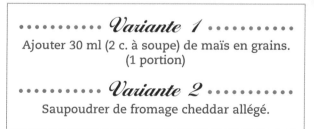

·········· *Variante 1* ··········
Ajouter 30 ml (2 c. à soupe) de maïs en grains. (1 portion)

·········· *Variante 2* ··········
Saupoudrer de fromage cheddar allégé.

Pizza végé à la feta

énergie 256 kcal	lipides 11 g	glucides 32 g	fibres 11 g	protéines 10 g	sodium 748 mg

1 portion

½	pita de blé entier **(environ 50 g/1 ¾ oz)**
45 ml	**(3 c. à soupe)** de sauce tomate maison ou du commerce
45 ml	**(3 c. à soupe)** de poivron rouge, grillé, égoutté et coupé en lanières
¼	courgette, en lanières
30 g	**(1 oz)** de fromage feta de brebis
7,5 ml	**(½ c. à soupe)** de basilic frais, haché

2 portions

1	pita de blé entier **(environ 100 g/3 ½ oz)**
90 ml	**(6 c. à soupe)** de sauce tomate maison ou du commerce
90 ml	**(6 c. à soupe)** de poivron rouge, grillé, égoutté et coupé en lanières
½	courgette, en lanières
60 g	**(2 oz)** de fromage feta de brebis
15 ml	**(1 c. à soupe)** de basilic frais, haché

PRÉPARATION

• Préchauffer le four à 200 °F (400 °C).

• Déposer le pita sur une plaque de cuisson tapissée de papier sulfurisé (parchemin). Le napper de sauce tomate et ajouter le poivron et la courgette. Couvrir de feta et cuire au four de 10 à 12 minutes. À la sortie du four, garnir de basilic.

Accompagnement suggéré

250 ml **(1 tasse)** de laitue boston, arrosée de **10 ml (2 c. à thé)** d'huile d'olive et de **2,5 ml (½ c. à thé)** de vinaigre de vin **(91 Calories)**.

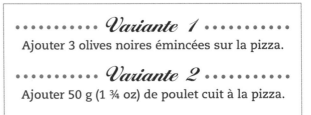

·········· *Variante 1* ··········

Ajouter 3 olives noires émincées sur la pizza.

·········· *Variante 2* ··········

Ajouter 50 g (1 ¾ oz) de poulet cuit à la pizza.

Ratatouille de pois chiches à l'indienne

énergie 280 kcal	lipides 8 g	glucides 41 g	fibres 9 g	protéines 12 g	sodium 20 mg

1 portion

5 ml	(1 c. à thé) d'huile d'olive
45 ml	(3 c. à soupe) d'oignon, haché
125 ml	(½ tasse) d'aubergine, en dés
125 ml	(½ tasse) de courgette, en dés
125 ml	(½ tasse) de tomate, en dés
1 ml	(¼ c. à thé) de cumin ou 2,5 ml (½ c. à thé) de garam masala
1 ml	(¼ c. à thé) de graines de coriandre
160 ml	(⅔ tasse) de pois chiches en conserve, rincés et égouttés

2 portions

10 ml	(2 c. à thé) d'huile d'olive
90 ml	(6 c. à soupe) d'oignon, haché
250 ml	(1 tasse) d'aubergine, en dés
250 ml	(1 tasse) de courgette, en dés
250 ml	(1 tasse) de tomate, en dés
2,5 ml	(½ c. à thé) de cumin ou 5 ml (1 c. à thé) de garam masala
2,5 ml	(½ c. à thé) de graines de coriandre
320 ml	(1 ⅓ tasse) de pois chiches en conserve, rincés et égouttés

PRÉPARATION

• Dans une casserole sur feu moyen, chauffer l'huile d'olive et y faire revenir l'oignon 3 minutes. Ajouter l'aubergine et poursuivre la cuisson quelques minutes. Ajouter la courgette, la tomate, le cumin et les graines de coriandre. Laisser mijoter 20 minutes. Ajouter les pois chiches, réchauffer et servir.

Accompagnement suggéré

125 ml (½ tasse) de riz brun (115 calories) ou ½ pain naan (50 g/1 ¾ oz) (130 Calories).

············ *Variante 1* ············

Ajouter 2,5 ml (½ c. à thé) de cannelle et 2,5 ml (½ c. à thé) de gingembre au mélange d'épices.

············ *Variante 2* ············

Remplacer les pois chiches par 150 g (5 oz) de tofu ferme coupé en cubes.

Risotto au tofu et aux asperges

énergie 278 kcal	lipides 12 g	glucides 32 g	fibres 2 g	protéines 17 g	sodium 461 mg

1 portion

5 ml	(1 c. à thé) d'huile d'olive
75 g	(2 ½ oz) de tofu ferme, en cubes
Au goût	sel et poivre
1	échalote française, hachée
½	gousse d'ail, hachée
45 ml	(3 c. à soupe) de riz arborio
30 ml	(2 c. à soupe) de vin blanc
160 ml	(⅔ tasse) de bouillon de poulet, chaud
3	asperges vertes, blanchies et coupées en tronçons
15 ml	(1 c. à soupe) de parmesan, râpé

2 portions

10 ml	(2 c. à thé) d'huile d'olive
150 g	(5 oz) de tofu ferme, en cubes
Au goût	sel et poivre
2	échalotes françaises, hachées
1	gousse d'ail, hachée
90 ml	(6 c. à soupe) de riz arborio
60 ml	(¼ tasse) de vin blanc
320 ml	(1 ⅓ tasse) de bouillon de poulet, chaud
6	asperges vertes, blanchies et coupées en tronçons
30 ml	(2 c. à soupe) de parmesan, râpé

PRÉPARATION

- Dans une poêle antiadhésive, chauffer la moitié de l'huile et y faire revenir les cubes de tofu. Saler, poivrer et réserver.

- Dans une petite casserole sur feu moyen-vif, chauffer le reste de l'huile et faire revenir l'échalote et l'ail quelques minutes. Ajouter le riz et poursuivre la cuisson, en remuant à la cuillère de bois, jusqu'à ce qu'il devienne nacré ou légèrement coloré.

- Déglacer avec le vin blanc et poursuivre la cuisson jusqu'à ce qu'il soit presque complètement absorbé. Sans cesser de remuer, verser une louche de bouillon chaud et laisser le riz l'absorber avant de poursuivre avec une autre louche. Continuer avec le reste du bouillon. Le riz sera *al dente* après environ 18 minutes de cuisson. Cinq minutes avant la fin de la cuisson du riz, ajouter les asperges, le tofu et le parmesan. Mélanger et laisser réchauffer les cubes de tofu.

Accompagnement suggéré

250 ml (1 tasse) de salade verte, arrosée d'une vinaigrette classique: **10 ml (2 c. à thé)** d'huile d'olive et **2,5 ml (½ c. à thé)** de vinaigre **(95 Calories)**.

············ *Variante 1* ············

Remplacer le riz par de l'orge perlé: bien le rincer et l'égoutter avant de le faire revenir. Le bouillon pourra être versé d'un seul coup. Couvrir et laisser mijoter sur feu doux pendant environ 25 minutes.

············ *Variante 2* ············

Pour une version non végé, remplacer le tofu par du poulet.

Sauté de tofu asiatique

énergie 176 kcal	lipides 12 g	glucides 16 g	fibres 2 g	protéines 14 g	sodium 1 068 mg

1 portion

5 ml	(1 c. à thé) d'huile d'olive
30 ml	(2 c. à soupe) d'oignon, haché
125 ml	(½ tasse) de mélange de légumes asiatiques surgelés (non dégelés)
15 ml	(1 c. à soupe) de sauce soya
2,5 ml	(½ c. à thé) de miel
2,5 ml	(½ c. à thé) de gingembre frais, haché
½	gousse d'ail, hachée
75 g	(2 ½ oz) de tofu ferme, en bâtonnets
Au goût	sel et poivre
15 ml	(1 c. à soupe) de noix de cajou, grossièrement hachées

2 portions

10 ml	(2 c. à thé) d'huile d'olive
60 ml	(¼ tasse) d'oignon, haché
250 ml	(1 tasse) de mélange de légumes asiatiques surgelés (non dégelés)
30 ml	(2 c. à soupe) de sauce soya
5 ml	(1 c. à thé) de miel
5 ml	(1 c. à thé) de gingembre frais, haché
1	gousse d'ail, hachée
150 g	(5 oz) de tofu ferme, en bâtonnets
Au goût	sel et poivre
30 ml	(2 c. à soupe) de noix de cajou, grossièrement hachées

PRÉPARATION

• Dans un wok ou une grande poêle sur feu moyen-vif, chauffer l'huile d'olive et y faire revenir l'oignon 3 minutes. Ajouter les légumes asiatiques et poursuivre la cuisson jusqu'à ce qu'ils soient *al dente*. Retirer les légumes de la poêle et les réserver.

• Chauffer la sauce soya, le miel, le gingembre, l'ail et le tofu dans le wok. Y remettre les légumes, saler, poivrer, garnir de noix de cajou et servir.

Accompagnement suggéré

125 ml (½ tasse) de nouilles de riz (**101 Calories**).

Variante 1

Remplacer les légumes surgelés par un mélange de pois mange-tout et de champignons shiitakes.

Variante 2

Remplacer le tofu par de grosses crevettes et les faire revenir au wok avec l'oignon.

Spaghettis de courgettes méditerranéen

énergie 220 kcal	lipides 14 g	glucides 25 g	fibres 6 g	protéines 4 g	sodium 178 mg

1 portion

500 ml	(2 tasses) de spaghettis de courgettes (voir Préparation, ci-dessous)
2,5 ml	(½ c. à thé) d'huile d'olive
½	gousse d'ail, hachée
7,5 ml	(½ c. à soupe) de pesto de tomates séchées
15 ml	(1 c. à soupe) de tomates séchées, hachées
15 ml	(1 c. à soupe) de noix de pin, grillées
7,5 ml	(½ c. à soupe) de basilic frais, haché
Au goût	sel et poivre

2 portions

1 litre	(4 tasses) de spaghettis de courgettes (voir Préparation, ci-dessous)
5 ml	(1 c. à thé) d'huile d'olive
1	gousse d'ail, hachée
15 ml	(1 c. à soupe) de pesto de tomates séchées
30 ml	(2 c. à soupe) de tomates séchées, hachées
30 ml	(2 c. à soupe) de noix de pin, grillées
15 ml	(1 c. à soupe) de basilic frais, haché
Au goût	sel et poivre

PRÉPARATION

- Préparer les spaghettis de courgettes : prélever de longues juliennes de courgette à l'aide d'une mandoline.

- Dans une grande poêle sur feu moyen-vif, chauffer l'huile d'olive et y faire revenir tous les ingrédients de 4 à 5 minutes. Servir.

Accompagnement suggéré

Salade de tomates : 250 ml (1 tasse) de tomates cocktail coupées en deux et 5 ml (1 c. à thé) de basilic, arrosés de 10 ml (2 c. à thé) d'huile d'olive et de 2,5 ml (½ c. à thé) de vinaigre balsamique (119 Calories).

········· *Variante 1* ·········
Utiliser moitié courgette verte et moitié courgette jaune.

········· *Variante 2* ·········
Garnir de copeaux de parmesan.

Cuisi-truc

Il est aussi possible de prélever de longs rubans de courgettes à l'aide d'un économe. Il ne restera plus qu'à détailler les rubans en longues juliennes à l'aide d'un couteau.

Tofu grillé à l'arachide

énergie 238 kcal	lipides 22 g	glucides 8 g	fibres 1 g	protéines 19 g	sodium 628 mg

1 portion

½	gousse d'ail, hachée
2,5 ml	(½ c. à thé) de gingembre frais, haché
7,5 ml	(½ c. à soupe) de sauce tamari
5 ml	(1 c. à thé) d'huile de canola
2,5 ml	(½ c. à thé) d'huile de sésame
1	tranche de tofu de 100 g (3 ⅓ oz)

Sauce à l'arachide

15 ml	(1 c. à soupe) de beurre d'arachide naturel
1 ml	(¼ c. à thé) de miel
1 ml	(¼ c. à thé) de sauce soya
	Une pincée de sambal œlek ou plus, au goût
20 ml	(4 c. à thé) d'eau

PRÉPARATION

- Dans un bol, mélanger l'ail, le gingembre, la sauce tamari, l'huile de canola et l'huile de sésame. Y faire mariner le tofu au moins 30 minutes.

- Dans un petit bol, mélanger tous les ingrédients de la sauce et chauffer 20 secondes au micro-ondes ou jusqu'à l'obtention d'une préparation homogène.

- Dans une poêle antiadhésive sur feu moyen-vif, colorer les tranches de tofu 3 minutes de chaque côté. Servir accompagnées de la sauce à l'arachide.

2 portions

1	gousse d'ail, hachée
5 ml	(1 c. à thé) de gingembre frais, haché
15 ml	(1 c. à soupe) de sauce tamari
10 ml	(2 c. à thé) d'huile de canola
5 ml	(1 c. à thé) d'huile de sésame
2	tranches de tofu de 100 g (3 ⅓ oz) chacune

Sauce à l'arachide

30 ml	(2 c. à soupe) de beurre d'arachide naturel
2,5 ml	(½ c. à thé) de miel
2,5 ml	(½ c. à thé) de sauce soya
1 ml	(¼ c. à thé) de sambal œlek ou plus, au goût
45 ml	(3 c. à soupe) d'eau

Accompagnement suggéré

125 ml (½ tasse) de nouilles Udon (104 Calories) ou de riz (101 calories).

> ········· *Variante 1* ·········
>
> Servir avec une salade de concombres
> à la coriandre et au yogourt.
>
> ········· *Variante 2* ·········
>
> Déposer le tofu grillé sur une salade de jeunes
> pousses d'épinards garnie d'arachides
> concassées.

Cuisi-truc

On peut cuire le tofu au four : allumer le gril du four. Déposer le tofu sur une plaque de cuisson tapissée de papier d'aluminium et mettre la plaque sur la grille supérieure du four. Griller quelques minutes de chaque côté.

Nul besoin de vous priver de douceur parce que vous vous souciez de votre poids ! Je vous propose ici quelques desserts qui n'entraveront pas votre objectif minceur tout en comblant votre dent sucrée. Tous composés d'ingrédients sains, ces desserts santé se réalisent en un tournemain et vous permettent de terminer le repas sur une note de plaisir gourmand.

Ananas au miel épicé

énergie 158 kcal	lipides 4 g	glucides 33 g	fibres 2 g	protéines 1 g	sodium 32 mg

1 portion

1 ml	(¼ c. à thé) en tout d'épices (cannelle, cardamome, fève tonka, muscade…), au choix
15 ml	(1 c. à soupe) de miel
5 ml	(1 c. à thé) de beurre
1	tranche d'ananas de 1,5 cm (½ po) d'épaisseur

2 portions

2,5 ml	(½ c. à thé) en tout d'épices (cannelle, cardamome, fève tonka, muscade…), au choix
30 ml	(2 c. à soupe) de miel
10 ml	(2 c. à thé) de beurre
2	tranches d'ananas de 1,5 cm (½ po) d'épaisseur chacun

PRÉPARATION

• Dans un petit bol, mélanger les épices et le miel.

• Dans une poêle sur feu moyen, faire fondre le beurre et y dorer les tranches d'ananas des deux côtés. Ajouter le miel épicé et laisser caraméliser quelques minutes.

·········· *Variante 1* ··········

Remplacer la tranche d'ananas par deux tranches de poire.

·········· *Variante 2* ··········

Remplacer le miel par du sirop d'érable.

Brochette de fruits, trempette yogourt-gingembre

énergie 170 kcal	lipides 2 g	glucides 38 g	fibres 5 g	protéines 5 g	sodium 47 mg

1 portion

250 ml	(1 tasse) de petits fruits ou de fruits, en cubes

Trempette

60 ml	(¼ tasse) de yogourt nature
10 ml	(2 c. à thé) de sirop d'érable
2,5 ml	(½ c. à thé) de gingembre frais, râpé

2 portions

500 ml	(2 tasses) de petits fruits ou de fruits, en cubes

Trempette

125 ml	(½ tasse) de yogourt nature
20 ml	(4 c. à thé) de sirop d'érable
5 ml	(1 c. à thé) de gingembre frais, râpé

PRÉPARATION

- Piquer les fruits sur une brochette.

- Dans un bol, mélanger le yogourt, le sirop d'érable et le gingembre. Napper la brochette de ce mélange.

·········· *Variante 1* ··········

Remplacer le gingembre par 15 ml (1 c. à soupe) d'amandes en bâtonnets.

·········· *Variante 2* ··········

Remplacer le sirop d'érable par du miel.

Crumble de petits fruits à l'avoine

énergie 156 kcal	lipides 5 g	glucides 27 g	fibres 4 g	protéines 2 g	sodium 30 mg

1 portion

5 ml	**(1 c. à thé)** de beurre, à température ambiante
10 ml	**(2 c. à thé)** de sucre brun
30 ml	**(2 c. à soupe)** de flocons d'avoine
180 ml	**(¾ tasse)** de petits fruits (fraises, framboises, bleuets, mûres)

2 portions

10 ml	**(2 c. à thé)** de beurre, à température ambiante
20 ml	**(4 c. à thé)** de sucre brun
60 ml	**(¼ tasse)** de flocons d'avoine
375 ml	**(1½ tasse)** de petits fruits (fraises, framboises, bleuets, mûres)

PRÉPARATION

- Préchauffer le four à 190 °C (375 °F).

- Dans un bol, mélanger le beurre et le sucre brun. Ajouter les flocons d'avoine et mélanger.

- Mettre les petits fruits dans un ramequin et parsemer du mélange de flocons d'avoine.

- Déposer le ramequin sur une plaque de cuisson et cuire au four pendant 20 minutes.

⋯⋯⋯ *Variante 1* ⋯⋯⋯
Remplacer les petits fruits par des pommes et des poires coupées en dés ou hachées finement.

⋯⋯⋯ *Variante 2* ⋯⋯⋯
Remplacer les petits fruits par des pêches pelées et coupées en dés ou en minces quartiers.

⋯⋯⋯ *Variante 3* ⋯⋯⋯
Ajouter 5 ml (1 c. à thé) de noix grossièrement hachées en même temps que l'avoine.

Compote express

énergie 95 kcal	lipides 0,2 g	glucides 24 g	fibres 2 g	protéines 0,4 g	sodium 1 mg

1 portion

1	pomme du Québec, pelée et hachée grossièrement
15 ml	(1 c. à soupe) de sucre d'érable
30 ml	(2 c. à soupe) d'eau

PRÉPARATION

- Dans un plat allant au micro-ondes, déposer les pommes, le sucre d'érable et l'eau. Couvrir.

- Cuire pendant environ 8 minutes. Vérifier la cuisson après 5 minutes et écraser les pommes à la fourchette au besoin.

2 portions

2	pommes du Québec, pelées et hachées grossièrement
30 ml	(2 c. à soupe) de sucre d'érable
60 ml	(¼ tasse) d'eau

··········· *Variante 1* ···········

Ajouter 5 ml (1 c. à thé) de cannelle et remplacer le sucre d'érable par du sucre brun.

··········· *Variante 2* ···········

Remplacer la pomme par une poire et ajouter 1 ml (¼ c. à thé) d'extrait de vanille après la cuisson.

Dattes farcies au beurre d'amande et aux noix

énergie 196 kcal	lipides 6 g	glucides 38 g	fibres 4 g	protéines 2 g	sodium 1 mg

1 portion

2	dattes medjool
7,5 ml	(½ c. à soupe) de beurre d'amande
2	noix de Grenoble

PRÉPARATION

- Préchauffer le four à 180 °C (350 °F).

- Inciser les dattes et retirer les noyaux. Garnir l'intérieur de beurre d'amande et de 1 noix.

- Mettre au four environ 5 minutes ou juste assez pour attendrir la datte sans que le beurre d'amande coule.

Note : Bien des gens aiment terminer leur repas sur une petite note sucrée. Ces deux petites bouchées sucrées-salées les contenteront !

2 portions

4	dattes medjool
15 ml	(1 c. à soupe) de beurre d'amande
4	noix de Grenoble

··········· *Variante 1* ···········

Remplacer le beurre d'amande par du beurre d'arachide.

··········· *Variante 2* ···········

Remplacer le beurre d'amande par du fromage à la crème allégé relevé de zeste d'orange.

··········· *Variante 3* ···········

Remplacer les noix de Grenoble par des amandes entières blanchies.

Granité aux bleuets

énergie 93 kcal	lipides 0,3 g	glucides 24 g	fibres 2 g	protéines 1 g	sodium 1 mg

1 portion

125 ml	(½ tasse) d'eau
15 ml	(1 c. à soupe) de sucre
125 ml	(½ tasse) de bleuets du Québec

2 portions

250 ml	(1 tasse) d'eau
30 ml	(2 c. à soupe) de sucre
250 ml	(1 tasse) de bleuets du Québec

PRÉPARATION

• Dans une petite casserole, chauffer l'eau et le sucre jusqu'à ce que celui-ci soit fondu. Ajouter les bleuets et laisser tempérer.

• Au mélangeur, mixer la préparation de bleuets jusqu'à l'obtention d'un mélange homogène. Verser dans un plat plus large que profond et mettre au congélateur. Laisser prendre 2 heures et mélanger. Remettre au congélateur pendant 3 heures ou plus et, à l'aide d'une fourchette, bien gratter le bloc obtenu afin d'obtenir des paillettes. Servir immédiatement ou remettre au congélateur pour un maximum de 4 heures (sinon il faudra gratter de nouveau).

.... *Variante 1* ....
Remplacer les bleuets par des fraises.

.... *Variante 2* ....
Remplacer le sucre par du sucre d'érable ou ajouter 2,5 ml (½ c. à thé) de jus de citron.

Minigâteaux aux poires et à la cardamome

énergie 164 kcal	lipides 2 g	glucides 66 g	fibres 7 g	protéines 10 g	sodium 410 mg

6 minigâteaux

45 ml	**(3 c. à soupe)** de beurre ou de margarine non hydrogénée
45 ml	**(3 c. à soupe)** de sucre
1	œuf
30 ml	**(2 c. à soupe)** de lait 1 % m. g.
180 ml	**(¾ tasse)** de farine de blé entier
10 ml	**(2 c. à thé)** de levure chimique (poudre à pâte)
5 ml	**(1 c. à thé)** de bicarbonate de soude
1	pincée de sel
5 ml	**(1 c. à thé)** de cardamome, moulue
250 ml	**(1 tasse)** de poires Anjou, en dés

PRÉPARATION

- Préchauffer le four à 180 °C (350 °C).

- Dans un bol, battre le beurre et le sucre. Ajouter l'œuf et le lait.

- Dans un autre bol, mélanger la farine, la levure chimique, le bicarbonate de soude, le sel et la cardamome.

- Verser le mélange d'ingrédients secs dans le mélange de lait. Ajouter les poires, remuer légèrement et verser la pâte dans 6 moules à muffins.

- Cuire au four 30 minutes ou jusqu'à ce qu'un cure-dent inséré au centre d'un minigâteau en ressorte propre.

·········· *Variante 1* ··········
Remplacer les poires par des pommes.

·········· *Variante 2* ··········
Ajouter 30 ml (2 c. à soupe) de noix de Grenoble.

Mousse aux fruits des champs

énergie 157 kcal	lipides 0,2 g	glucides 37 g	fibres 3 g	protéines 4 g	sodium 55 mg

1 portion

180 ml	(¾ tasse) de petits fruits, au choix
1	blanc d'œuf
30 ml	(2 c. à soupe) de sucre

2 portions

375 ml	(1 ½ tasse) de petits fruits, au choix
2	blancs d'œufs
60 ml	(¼ tasse) de sucre

PRÉPARATION

• Au mélangeur, mixer les fruits jusqu'à l'obtention d'un coulis (il en faut environ 80 ml/⅓ tasse par portion).

• Fouetter le blanc d'œuf en neige, ajouter le sucre et battre jusqu'à la formation de pics fermes et lustrés.

• À l'aide d'une spatule, incorporer le coulis au blanc d'œuf, en pliant.

• Déposer dans un verre ou une coupe à martini et laisser reposer au réfrigérateur au moins 1 heure avant de servir.

·········· *Variante 1* ··········

En saison, remplacer les petits fruits par des nectarines.

·········· *Variante 2* ··········

Version chocolatée : Ajouter 2,5 ml (½ c. à thé) de poudre de cacao en même temps que le sucre.

·········· *Variante 3* ··········

Ajouter des petits fruits entiers dans la mousse.

Cuisi-truc

Multiplier par 2, par 4 ou par 6 la quantité de petits fruits pour faire le coulis. Congeler, en portions, le surplus pour utilisation ultérieure. D'une part, il est pratique de toujours en avoir sous la main et, d'autre part, il est plus facile de réduire en coulis une quantité plus importante de fruits.

Flan coco et mangue

énergie 150 kcal	lipides 6 g	glucides 21 g	fibres 1 g	protéines 6 g	sodium 50 mg

1 portion

½	sachet de gélatine sans saveur, ou 1 ½ à 2 feuilles de gélatine
60 ml	(¼ tasse) de lait de coco léger
60 ml	(¼ tasse) de lait 1 % m. g.
7,5 ml	(½ c. à soupe) de sirop d'érable
¼	mangue, en dés
5 ml	(1 c. à thé) de noix de coco, râpée

2 portions

1	sachet de gélatine sans saveur, ou 3 feuilles de gélatine
125 ml	(½ tasse) de lait de coco léger
125 ml	(½ tasse) de lait 1 % m. g.
15 ml	(1 c. à soupe) de sirop d'érable
½	mangue, en dés
10 ml	(2 c. à thé) de noix de coco, râpée

PRÉPARATION

• Dans un petit bol, faire gonfler la gélatine dans 30 ml (2 c. à soupe) de lait de coco.

• Dans une petite casserole sur feu doux, chauffer le lait jusqu'à ce qu'il frémisse et y faire dissoudre la gélatine. Ajouter le reste du lait de coco et le sirop d'érable, mélanger et verser dans un ramequin ou un verre. Laisser prendre au réfrigérateur 3 heures.

• Au moment de servir, garnir de mangue et de noix de coco.

Petit pot grec

énergie 160 kcal	lipides 4 g	glucides 18 g	fibres 2 g	protéines 15 g	sodium 51 mg

1 portion

125 ml	(½ tasse) de yogourt grec nature 0 % m. g.
15 ml	(1 c. à soupe) de pistaches, grillées et concassées
10 ml	(2 c. à thé) de miel

2 portions

250 ml	(1 tasse) de yogourt grec nature 0 % m. g.
30 ml	(2 c. à soupe) de pistaches, grillées et concassées
20 ml	(4 c. à thé) de miel

PRÉPARATION

• Dans une jolie coupe transparente, déposer le yogourt, garnir de pistaches et arroser de miel.

··········· *Variante 1* ···········
Remplacer les pistaches par des pacanes.

··········· *Variante 2* ···········
Remplacer le miel par du sirop d'érable.

Pouding au soya et au chia

| énergie 200 kcal | lipides 10 g | glucides 19 g | fibres 9 g | protéines 8 g | sodium 62 mg |

1 portion

| 180 ml | (¾ tasse) de boisson de soya enrichie à la vanille |
| 30 ml | (2 c. à soupe) de graines de chia blanches |

2 portions

| 375 ml | (1 ½ tasse) de boisson de soya enrichie à la vanille |
| 60 ml | (¼ tasse) de graines de chia blanches |

PRÉPARATION

- Dans un petit bol, verser la boisson de soya. Ajouter le chia et bien fouetter.

- Laisser reposer au frigo 1 heure ou jusqu'à ce que le mélange épaississe.

Note : pour mettre une texture plus épaisse ajouter **15 ml (1 c. à soupe)** de plus de graines de chia

> *·········· Variante 1 ··········*
> Garnir le pouding d'ananas haché finement au moment de servir.
>
> *·········· Variante 2 ··········*
> Remplacer la boisson de soya par une boisson d'amande à la vanille.
>
> *·········· Variante 3 ··········*
> Au mélangeur, réduire en purée une datte medjool ou ½ portion de fruit au choix (banane, pêche, fraises, bleuets…) avec la boisson de soya avant de le verser sur les graines de chia.

Salade d'agrumes à la fleur d'oranger

énergie 90 kcal	lipides 0 g	glucides 23 g	fibres 3 g	protéines 2 g	sodium 1 mg

1 portion

	Les suprêmes de ½ orange
	Les suprêmes de ½ pamplemousse
2	feuilles de menthe fraîche, ciselées
15 ml	(1 c. à soupe) de jus d'orange
	Quelques gouttes d'eau de fleur d'oranger

2 portions

	Les suprêmes de 1 orange
	Les suprêmes de 1 pamplemousse
4	feuilles de menthe fraîche, ciselées
30 ml	(2 c. à soupe) de jus d'orange
	Quelques gouttes d'eau de fleur d'oranger

PRÉPARATION

• Mélanger les suprêmes d'agrumes et la menthe. Arroser de jus d'orange et d'eau de fleur d'oranger.

··········· *Variante 1* ···········

Ajouter une variété d'autres fruits, raisins et pomme, par exemple.

··········· *Variante 2* ···········

Ajouter 15 ml (1 c. à soupe) de Grand Marnier à la salade d'agrumes.

Sorbet aux fraises

énergie 124 kcal	lipides 1 g	glucides 27 g	fibres 4 g	protéines 5 g	sodium 57 mg

1 portion

250 ml	(1 tasse) de fraises tranchées surgelées
5 ml	(1 c. à thé) de jus de citron vert frais
15 ml	(1 c. à soupe) de sucre
1	blanc d'œuf

2 portions

500 ml	(2 tasses) de fraises tranchées surgelées
10 ml	(2 c. à thé) de jus de citron vert frais
30 ml	(2 c. à soupe) de sucre
2	blancs d'œufs

PRÉPARATION

• Au robot culinaire, mixer les fraises, le jus de citron vert et le sucre jusqu'à ce que le mélange soit homogène. Ajouter le blanc d'œuf et mixer de nouveau. Conserver au congélateur.

··········· *Variante 1* ···········

Remplacer les fraises par tout autre fruit surgelé, au choix.

Après le programme : la suite

▶ Si vous avez atteint votre objectif

Si vous avez atteint votre objectif, félicitations ! Il est temps d'augmenter progressivement votre apport calorique et de bonifier votre menu.

Si vous désirez maintenir votre nouveau poids, vous pouvez créer votre plan de maintien en ajoutant une collation de 100 à 200 Calories de plus pour une à deux semaines ou encore prendre le plan suivant (1 500 ou 1 800 Calories). Si votre poids demeure stable après ce délai, ajoutez une autre collation à votre menu. Une pesée hebdomadaire vous permettra d'ajuster le plan au besoin. Vous pourrez également vous permettre davantage d'extras, mais assurez-vous de toujours pratiquer régulièrement une activité physique.

Puisque la période de maintien est une étape difficile, il faut se montrer vigilant pour conserver ses bonnes habitudes. Consultez des professionnels (nutritionniste et kinésiologue) pour vous aider à maintenir le cap !

▶ S'il vous reste du poids à perdre

S'il vous reste encore quelques kilos à perdre, vous pouvez recommencer le programme pour quatre autres semaines. Comme chaque recette est dotée de variantes, vous ne vous lasserez pas de répéter ce cycle.

Vous pouvez aussi bâtir vos propres menus contrôlés en calories, tel qu'expliqué aux pages 12 à 14 ! Ces suggestions vous permettent de composer vos menus hypocaloriques personnalisés, avec vos recettes et accompagnements préférés. Les combinaisons sont multiples et la variété plaira à ceux qui n'aiment pas la routine.

Qu'il vous reste du poids à perdre ou non, je vous invite à continuer de cuisiner les recettes minceur, question d'allier plaisir et santé sans faire grimper l'aiguille de la balance. J'espère que cet outil vous aura permis de réaliser à quel point il n'est pas contraignant de manger sainement. Surveiller le contenu de son assiette est non seulement gage de poids santé, mais également de vitalité !

Bonne santé à tous !

Isabelle Huot, docteure en nutrition
www.kilosolution.com

Les équivalents, par groupe alimentaire

Viandes et substituts

Choisir des viandes maigres et des substituts préparés avec peu ou pas de matières grasses et de sel. Consommer davantage de poissons et de légumineuses. Consommer avec modération les aliments étoilés (*).

1 portion de Viandes et substituts équivaut à :

Agneau..125 ml ......75 g
Amandes écalées (+1 gras)...................60 ml ......35 g
Arachides écalées (+ 1 gras) ....60 ml ......37 g
Beurre d'arachide (+1 gras) ....30 ml ......32 g
Bœuf...125 ml ......75 g
Boudin*..125 ml ......75 g
Charcuterie* (+ 1 gras) ....125 ml ......75 g
Crabe cuit ....125 ml ......75 g
Crevettes...125 ml ......75 g
Cretons gras* (+ 1 gras) ....30 ml
Cretons maigres ....30 ml
Dinde ....125 ml ......75 g
Foie ....125 ml ......75 g
Graines de tournesol ....60 ml ......34 g
Huîtres...125 ml ......75 g
Jambon cuit ....125 ml ......75 g
Légumineuses cuites ....175 ml ......47 g
Noix ou arachides (+ 1 gras) ....60 ml ......35 g
Noix d'acajou...60 ml ......35 g
Noix de Grenoble hachées......................60 ml ......30 g
Hoummous ....175 ml ....147 g
Œuf ....2 gros ...100 g
Pacanes...60 ml ......28 g
Palourdes, pétoncles ....125 ml ......75 g
Poisson..125 ml ......75 g
Poulet ....125 ml ......75 g
Porc maigre ....125 ml ......75 g
Sardine ....125 ml ......75 g
Sauce à spaghettis à la viande, dégraissée........125 ml ...132 g
Saucisses à cocktail* (+ 1 gras) ....75 g
Saucisses fumées* (+ 1 gras) ....75 g
Tofu ....175 ml ...150 g
Veau ....125 ml ......75 g
Viande chevaline....................................125 ml ......75 g

Légumes

Les légumes peuvent être consommés à volonté. Évitez cependant de développer une mauvaise habitude alimentaire en grignotant constamment.

1 portion de légumes équivaut à :

Légumes frais, surgelés ou en conserve ..... ½ tasse (125 ml)
Artichaut, asperge, aubergine, betterave, brocoli, carotte, céleri, champignon, châtaigne d'eau, chou frisé, chou de Bruxelles, concombre, courge, courge spaghetti, courgette, échalote, fève germée, haricot jaune ou vert, jus de légumes, jus de tomate, luzerne, macédoine, navet, oignon, panais, persil, poireau, pois mange-tout, pois verts, poivron, radis, salsifis, soupe aux légumes, etc.

Légumes feuillus crus ....1 tasse (250 ml)
Laitues variées, épinards, endive, cresson, etc.
Privilégier les légumes frais vert foncé et orangés.
Les légumes surgelés offrent également une bonne valeur nutritive. Consommer des légumes de préférence aux jus.

Lipides (gras)

Lire les étiquettes et éviter les aliments contenant des gras hydrogénés et saturés. Privilégier les gras d'origine végétale. Consommer une petite quantité de lipides insaturés par jour. Consommer avec modération les gras étoilés (*).

1 gras équivaut à :

Bacon croustillant*... 1 tranche
Beurre... 1 c. à thé ......5 ml
Beurre réduit en calories................................... 2 c. à thé ...10 ml
Beurre d'arachide ou de noix ....2. c. à thé ...10 ml
Crème à café 10-15 % m. g.*..........................2 c. à soupe ... 30 ml
Crème 35 % m. g.*.. 1 c. à soupe ...15 ml
Crème sure*.. 2 c. à soupe . ..30 ml
Fromage à la crème .... 1 c. à soupe ...15 ml
Fromage à la crème léger ....2 c. à soupe ... 30 ml
Graisse végétale*.. 1 c. à thé ......5 ml
Huile... 1 c. à thé ......5 ml
Margarine non hydrogénée ....1 c. à thé ...... 5 ml
Margarine réduite en calories...........................2 c. à thé ...10 ml
Mayonnaise .... 1 c. à thé ......5 ml
Mayonnaise légère .... 1 c. à soupe ...15 ml
Noix mélangées .... 1 c. à soupe ...15 ml
Pâté de foie*.. 1 c. à soupe ...15 ml
Sauce à salade .... 1 c. à soupe ...15 ml
Sauce (BBQ ou autres)...................................... 2 c. à soupe ... 30 ml
Vinaigrette .... 2 c. à soupe ...10 ml
Vinaigrette légère .... 2 c. à soupe ... 30 ml

Produits céréaliers (féculents)

Privilégier les produits céréaliers à grains entiers. Lire les étiquettes. Choisir des céréales contenant plus de 4 g de fibres alimentaires et moins de 5 g de sucre par portion de 30 g. Choisir des produits céréaliers plus faibles en lipides, en sucre et en sel. Consommer avec modération les produits étoilés (*).

1 portion de produits céréaliers équivaut à :

Bagel	½	45 g
Biscotte	2	20 g
Biscuit sec	2	24 g
Biscuit soda	7	20 g
Boulghour ou millet cuit	125 ml	92 g
Céréales chaudes	175 ml	30 g
Céréales froides		30 g
Céréales en flocons		30 g
Céréales pour bébé enrichies de fer	125 ml	
Céréales soufflées	50 ml	
Chapelure ou croûtons	60 ml	27 g
Couscous cuit	125 ml	83 g
Crêpe	1 petite	35 g
Farine		20 g
Galette de riz	2	18 g
Galette de seigle	2	18 g
Gaufre	1	35 g
Germe de blé	175 ml	30 g
Gruau cuit	175 ml	30 g
Maïs soufflé nature ou léger	500 ml	
Melba	4	20 g
Melba rondes	4	20 g
Muffin (+ 1 gras + 1 fruit*)	½	35 g
Muffin anglais	½	35 g
Pain à salade	1 petit	35 g
Pain hamburger ou hot-dog	½	22 g
Pain	1 tranche	35 g
Pâtes alimentaires cuites	125 ml	74 g
Pita (15 cm/6 po)	½	35 g
Pomme de terre	1 petite	
Pomme de terre (purée)	125 ml	
Quinoa cuit	125 ml	73 g
Riz cuit	125 ml	108 g
Tortilla (15 cm/6 po)	½	35 g

Fruits

Choisir de préférence des fruits frais. Les fruits surgelés offrent également une bonne valeur nutritive. Rincer les fruits en conserve. Consommer des fruits de préférence aux jus.

1 portion de fruits équivaut à :

Abricot frais	3 moyens	105 g
Abricot en conserve	125 ml	116 g
Ananas	125 ml	82 g
Ananas en morceaux	125 ml	82 g
Avocat	½	68 g
Banane	1 moyenne	118 g
Bleuet	125 ml	77 g
Canneberge cuite	125 ml	50 g
Cantaloup en cubes	125 ml	85 g
Cerise rouge	20	136 g
Clémentine	1	74 g
Compote de pommes non sucrée	125 ml	135 g
Datte	3	25 g
Figue	2	100 g
Fruits séchés	60 ml	39 g
Fraise fraîche	125 ml	88 g
Fraise décongelée	125 ml	117 g
Framboise	125 ml	65 g
Jus de fruits non sucré	125 ml	126 g
Kiwi	1 gros	91 g
Mandarine	1 moyenne	84 g
Mangue	½	104 g
Melon	125 ml	80 g
Nectarine	1 moyenne	136 g
Orange	1 moyenne	151 g
Pamplemousse	½	118 g
Papaye	½	153 g
Pêche	1 moyenne	98 g
Poire	1 moyenne	166 g
Pomme	1 moyenne	138 g
Prune	1	66 g
Pruneau	3	25 g
Raisin frais	20 unités	100 g
Raisins secs	60 ml	37 g
Rhubarbe cuite non sucrée	125 ml	127 g
Salade de fruits	125 ml	136 g
Tangerine	1	84 g

Lait et substituts

Choisir lait et yogourt contenant 2 % et moins de matières grasses (m. g.) et des fromages à moins de 20 % m. g. Boire chaque jour du lait ou des boissons de soya pour combler ses besoins en vitamine D. Consommer avec modération les produits étoilés (*).

1 portion de lait équivaut à :

Babeurre	250 ml	259 g
Boisson de soya enrichie	250 ml	259 g
Fromage cottage	250 ml	119 g
Fromage léger moins 7 % m. g.	2 tranches	50 g
Fromage plus de 20 % m. g.* (+ 1 gras)	1 ½ oz	50 g
Fromage moins de 20 % m. g	1 ½ oz	50 g
Fromage râpé (+ 1 gras)		50 g
Kéfir		175 g
Lait 0 %, 1 %, 2 %	250 ml	258 g
Lait en poudre non dilué	75 ml	25 g
Lait en conserve évaporé	125 ml	131 g
Yogourt à boire	200 ml	207 g
Yogourt nature		175 g
Yogourt aux fruits		175 g

Index des recettes

Remerciements

Merci à toute l'équipe des Éditions de l'Homme pour sa confiance dans l'ensemble de mes projets et son solide appui dans la réalisation de ce livre. Merci à Erwan Leseul et Pascale Mongeon qui rendent le travail si plaisant. Merci à Diane Denoncourt et Christine Hébert pour leur immense talent qui fait de ce livre un outil convivial et sympathique.

Merci à Hans Laurendeau, photographe, et Blake Mackay, styliste culinaire, de Shoot Studio, qui ont mis en valeur les recettes sans jamais les dénaturer. Un duo gagnant tant pour sa personnalité accueillante que pour ses habiletés artistiques.

Merci à Céline Comeau que j'ai eu le bonheur de connaître sur l'un des plateaux de tournage de TVA, qui a vérifié et testé mes recettes avec précision et toujours fait des suggestions emballantes. Céline a aussi su respecter ma vision d'une saine alimentation et elle a travaillé avec minutie, question de ne jamais dépasser l'apport calorique permis.

Merci à Amélie Robert pour sa rigueur dans l'analyse des données nutritionnelles, pour son grand professionnalisme et son implication passionnée dans plusieurs sphères d'activité de Kilo Solution.

Suivez-nous sur le Web

Consultez nos sites Internet et inscrivez-vous à l'infolettre pour rester informé en tout temps de nos publications et de nos concours en ligne. Et croisez aussi vos auteurs préférés et notre équipe sur nos blogues !

EDITIONS-HOMME.COM
EDITIONS-JOUR.COM
EDITIONS-PETITHOMME.COM
EDITIONS-LAGRIFFE.COM

Achevé d'imprimer au Canada